LIDERANÇA
COMO ATINGIR O SUCESSO ORGANIZACIONAL

C887l   Crainer, Stuart.
            Liderança : como atingir o sucesso organizacional / Stuart Crainer, Des Dearlove ; tradução: Natália Bombardi Lucas. – Porto Alegre : Bookman, 2014.
            viii, 192 p. ; 14 x 21 cm. – (Série Thinkers50)

            ISBN 978-85-8260-211-9

            1. Administração - Liderança 2. Gestão de pessoas. I. Dearlove, Des. II. Título. III. Série

                                                                   CDU 658.3

Catalogação na publicação: Poliana Sanchez de Araujo – CRB 10/2094

LIDERANÇA

COMO ATINGIR O SUCESSO ORGANIZACIONAL

STUART CRAINER + DES DEARLOVE

Tradução:
Natália Bombardi Lucas

2014

Obra originalmente publicada sob o título
Leadership: Organizational Success Through Leadership
ISBN 978-0-07-182751-5 / 0-07-182751-X

Copyright ©2014, The McGraw-Hill Global Education Holdings, LLC, New York, New York 10020. Todos os direitos reservados.

Gerente editorial: *Arysinha Jacques Affonso*

Colaboraram nesta edição:

Editora: *Mariana Belloli*

Capa: *Maurício Pamplona*

Preparação de originais: *Monica Stefani*

Leitura final: *Miriam Cristina Machado*

Editoração: *Techbooks*

Reservados todos os direitos de publicação, em língua portuguesa, à
BOOKMAN EDITORA LTDA., uma empresa do GRUPO A EDUCAÇÃO S.A.
Av. Jerônimo de Ornelas, 670 – Santana
90040-340 – Porto Alegre – RS
Fone: (51) 3027-7000   Fax: (51) 3027-7070

É proibida a duplicação ou reprodução deste volume, no todo ou em parte, sob quaisquer formas ou por quaisquer meios (eletrônico, mecânico, gravação, fotocópia, distribuição na Web e outros), sem permissão expressa da Editora.

Unidade São Paulo
Av. Embaixador Macedo Soares, 10.735 – Pavilhão 5 – Cond. Espace Center
Vila Anastácio – 05095-035 – São Paulo – SP
Fone: (11) 3665-1100   Fax: (11) 3667-1333

SAC 0800 703-3444 – www.grupoa.com.br

IMPRESSO NO BRASIL
PRINTED IN BRAZIL

Sumário

	Introdução	vii
CAPÍTULO 1	Como chegamos aqui	1
CAPÍTULO 2	Provações da liderança	17
CAPÍTULO 3	Liderança de nível 5	41
CAPÍTULO 4	A vida como ela é	63
CAPÍTULO 5	O carisma e o lado sombrio	91
CAPÍTULO 6	Adesionismo	113
CAPÍTULO 7	Onde os líderes encontram o mundo	135
CAPÍTULO 8	Os líderes em ação	147
	Notas	175
	Índice	181
	Agradecimentos	187
	Os autores	189
	Thinkers50	191

Introdução

Recentemente, entrevistamos diversas pessoas no mundo todo e pedimos suas opiniões sobre liderança: gerentes de multinacionais, um neurocirurgião, a diretoria de uma empresa japonesa, diretores de ONGs, um técnico de futebol, empreendedores sociais, um chef, CEOs, aspirantes a CEOs, estudantes de cursos de pós-graduação, líderes educacionais, professores, entre outros.

O mais interessante é que praticamente todas essas pessoas têm uma opinião sobre o assunto. E, com frequência, nós nos surpreendemos com o quão detalhadas e elaboradas são suas visões. Elas têm lido e pensado profundamente sobre isso.

O cenário da liderança mudou. Agora ela já não é privilégio de poucos, como figuras militares e políticas. Hoje, está democratizada, com base na percepção de que ela perpassa a vida de cada um de nós todos os dias.

Conforme a prática da liderança e sua valorização difundiram-se, a gama de competências de liderança também foi ampliada. A liderança hoje é multifacetada, em vez de meramente resumida às amedrontadoras palavras *comando* e *controle*. Liderança diz respeito a sentimentos. Diz respeito a emoções. Diz respeito às pessoas que seguem. Diz respeito àqueles que se comovem com as ações dos líderes.

Há algum tempo fomos a uma grande partida de futebol no estádio de Wembley, em Londres. Enquanto comprávamos o tradicional hambúrguer do intervalo, observamos que o vendedor exibia com orgulho em sua camiseta a frase "Líder de equipe". Ficamos conversando quando a correria do intervalo diminuiu. "Vimos a frase em sua camiseta", dissemos. "O que significa liderança para você?". Sua resposta foi imediata: "Duas palavras: *dar exemplo*".

Isso talvez seja a prova de que o nosso entendimento de liderança tenha se transformado e de que a inspiração para aqueles que lideram pode ser encontrada em lugares surpreendentes. Quando conversamos com Warren Bennis, o pensador da liderança que trabalhou com os presidentes americanos e ajudou a estruturar o campo da liderança, pedimos a ele que nos dissesse qual pergunta ele faria aos líderes do mundo. "Como você aprende?", disse ele.

Este livro compila nossa experiência em conversas com profissionais da área de liderança e com os maiores pensadores do mundo sobre o assunto, como Warren Bennis, Jim Collins, Syd Finkelstein, Stew Friedman, Rob Goffee, Marshall Goldsmith, Barbara Kellerman, Rakesh Khurana, Liz Mellon e muitos outros. Nosso objetivo é dar acesso direto e entendimento sobre os princípios básicos da liderança e as concepções mais recentes sobre o tema. Para os líderes, há muito a aprender.

Stuart Crainer e Des Dearlove
Fundadores do Thinkers50

CAPÍTULO 1

Como chegamos aqui

Todo ano, centenas de livros são publicados sobre liderança e desenvolvimento de liderança. Resmas de papel e milhares de páginas da Internet são destinadas a esse tema, o que há séculos tem fascinado líderes, aspirantes a líderes e seguidores.

Apesar dessa grande expansão do pensamento relacionado à liderança, parecemos estar bem longe de descobrir os segredos da grande liderança. O que constitui um grande líder? Qualquer um pode ser líder, ou isso é privilégio de alguns poucos? Por que algumas pessoas em momentos difíceis e de perigo seguem uma determinada pessoa em vez de outra?

Essas são perguntas que têm sido feitas ao longo dos tempos. De Júlio César a Steve Jobs, temos observado com atenção, discutido e analisado como os grandes líderes se comportam.

2 Liderança

E ainda estamos buscando as respostas. Os ingredientes mágicos para uma liderança eficaz permanecem indefiníveis. Pegue até a pergunta mais básica: O que é liderança? Se você entrevistar 100 executivos, provavelmente obterá o mesmo número de respostas diferentes. Pergunte aos especialistas, aos acadêmicos que passam suas vidas pesquisando sobre o tema e você ainda não encontrará uma resposta amplamente aceita e definitiva.

Como disse certa vez Tom Peters: "Se vamos fazer algum avanço na descoberta de novas regras de liderança, podemos antecipar que não há uma abordagem à liderança que se aplique a todos os casos. Mantra nº 1 da liderança: tudo depende".

Claro que há muitas opiniões e perspectivas dominantes, algumas das quais estão neste livro. "Um líder é um negociante esperançoso", observou Napoleão, por exemplo. E ele deve ter sabido disso. Ou como observou o renomado guru em liderança Warren Bennis quase dois séculos depois: "Os gerentes são as pessoas que fazem tudo certinho, e os líderes são as pessoas que fazem a coisa certa."[1]

Isso faz diferença? Claro que sim. Imagine um mundo sem liderança. Preste atenção no que a liderança traz para o mundo e nos efeitos dela no seu dia a dia no trabalho – e em casa.

Observe a liderança em uma organização, por exemplo. Liderar uma grande organização nunca foi tão desafiador, tão temporário – ou, em muitos casos, tão bem remunerado. E esse trabalho nunca atraiu tanto a atenção da crítica. Nos últimos anos, muitos CEOs pelo mundo caíram em desgraça, acompanhados de alguns sérios exames de consciência sobre a competência e os padrões éticos dos líderes.

Embora não tenha ocorrido uma crise sistemática da liderança em todos os níveis, os eventos da última década foram no mínimo graves o suficiente para ensejar uma reanálise da teoria da liderança e gerar uma discussão sobre diversas perspectivas novas.

No mundo moderno, com uma comunicação rápida, pública e interconectada e com a globalização das economias e sociedades, as ações de um único líder corporativo têm consequências extremamente significativas para o bem-estar de bilhões de pessoas, podendo desencadear colapsos de empresas, quedas no mercado, recessões globais e revoltas pelas ruas de um país, ou anunciar um período de crescimento e prosperidade, acompanhado do tão procurado fator de bem-estar.

Os CEOs de algumas empresas detêm tanto poder quanto reis, presidentes, generais e primeiros-ministros. Esse tipo de poder acarreta uma enorme responsabilidade. Mesmo se não forem CEOs de uma grande multinacional, montados no comércio internacional, os líderes em corporações de todos os tamanhos são importantes e influentes. Eles podem não ter o poder de colocar nações aos seus pés, mas têm o poder de aumentar o bem-estar de seus seguidores, melhorar o desempenho de suas organizações, manter seus clientes satisfeitos, fazer carreiras individuais ou interrompê-las e contribuir para a prosperidade nacional.

Assim, o estudo sobre líderes e lideranças, apesar das diversas teorias e concepções divergentes, é extremamente importante. Conhecer o desenvolvimento da teoria da liderança significa compreender a natureza da própria liderança. A teoria e a prática estão intimamente ligadas.

Do antigo ao moderno

Como se dá a evolução da teoria da liderança e seu estudo? A liderança tem fascinado as pessoas durante milênios. Na Grécia Antiga, o poeta Homero escreveu sobre heróis, como Aquiles e Odisseu. Do mesmo modo, em seu livro *Vidas Paralelas*, o historiador grego Plutarco produziu crônicas sobre as histórias de vida de grandes homens, incluindo imperadores romanos, como Júlio César. Mais tarde, na era vitoriana, Thomas Carlyle dissecou os personagens de Napoleão e outros em seu livro *On heroes, hero-worship, and the heroic history*. Cada teoria da liderança tendia a focar em três grandes categorias de liderança. A primeira categoria dizia respeito à personalidade, às características e aos atributos dos líderes – sua disposição geral. A segunda enfocava as ações dos líderes e os diferentes papéis adotados; observar mais o que os líderes faziam e como se comportavam, em vez de suas características. Uma terceira coletânea de teorias foi agrupada em torno da noção de que a liderança é inerente ao seu contexto. Situações diferentes demandam estilos diferentes de liderança.

Uma preocupação inicial dos estudantes de liderança foi o poder e a influência. A liderança era vista como uma função do poder, exercida por meio de habilidades políticas e influenciadoras. Foi um tópico que atraiu o interesse do diplomata florentino Nicolau Maquiavel, autor de *O Príncipe*, um *best-seller* sobre liderança na Renascença, e estudioso pioneiro da natureza humana em geral e da liderança em específico.

A ética de Maquiavel é um pouco duvidosa. Ele defendia fortemente o uso de uma combinação de artimanhas e intimidação como forma de obter uma liderança eficaz, sustentando a ideia de que os fins justificavam os meios. "A política não tem relação com a moral", dizia ele. Muitas pessoas consideram ser ainda este o caso.

Alguns séculos depois, nos anos 1950, os psicólogos sociais John French e Bertram Raven analisaram a relação entre liderança, poder e influência. De onde vem o poder no qual a liderança se baseia? Eles identificaram cinco bases de poder para os líderes: recompensa e coerção (a capacidade do indivíduo de recompensar ou punir os outros); referência (o nível de popularidade de que goza um indivíduo); legitimidade (o poder que alguém ganha devido ao seu cargo em uma empresa); e conhecimento (poder baseado no conhecimento especializado e na competência de um indivíduo).²

Natureza ou educação

Provavelmente, a pergunta mais comum feita sobre liderança é se os líderes nascem assim ou se tornam líderes. Os líderes devem atribuir sua posição à sua natureza ou à educação? Uma opinião há muito defendida foi a de que os líderes nascem com talentos inatos que não podem ser ensinados. Essa foi a teoria do Grande Homem, popular no século XIX e início do século XX. (Não havia, no entanto, uma teoria da Grande Mulher, visto que seu sucesso como líder não era considerado naquela época – e, lamentavelmente, muitas vezes depois.)

Profundamente associada à noção de grandes homens, colossos do mundo da liderança, estava a teoria dos Traços. Essa disciplina busca identificar características e traços universais de liderança, e sugere que os grandes líderes possuem determinados traços, características e atributos de liderança em comum que assim os caracterizam. Portanto, em teoria, é possível estudar inúmeros líderes e identificar os mesmos traços.

É exatamente isso que Warren Bennis começou a fazer na metade dos anos 1980 com seu famoso estudo sobre os líderes americanos (veja o Capítulo 2). Bennis desejava criar códigos para a liderança eficaz. No lugar do homem ou da mulher do destino, ele ofereceu uma visão de liderança baseada em uma plataforma de características isoladas.

A teoria do Grande Homem (e Mulher) e a teoria dos Traços caíram em desuso ao longo dos anos. Apesar dos muitos críticos a essas teorias, os pesquisadores de liderança são atraídos com frequência pela perspectiva de pesquisar um grupo de líderes, identificando as características comuns entre eles e extrapolando-as para a liderança em geral.

Nos anos 1960 e nas duas décadas seguintes, a atenção voltou-se para a forma como o líder liderava – as ações e o comportamento do líder. Por exemplo, os teóricos de gestão Robert Blake e Jane Mouton desenvolveram o modelo de *grid gerencial*, que classificava os gerentes segundo estilos, com foco especial nas dimensões de tarefas e pessoas.[3] Há cinco estilos gerenciais principais. Estes variam do líder 1/1, um gerente ocioso que faz muito pouco e não considera pessoas ou tarefas, até o 9/9, que combina grande motivação pessoal com habilidades organizacionais completas.

Nos anos 1970 e 1980, o pensador britânico John Adair mudou seu foco para as principais funções da liderança (planejamento, iniciativa, controle, suporte, informação e avaliação) e para as áreas de responsabilidade da liderança (tarefa, equipe e individual). Seu conceito de liderança centrada na ação (ACL) foi uma abordagem mais prática para a avaliação da liderança, sendo o trabalho do líder focar na execução da tarefa, na construção da equipe e na motivação de seus membros.[4]

Também havia outras perspectivas sobre os estilos e funções da liderança. Os líderes foram divididos entre *diretivos* e *participativos* por exemplo. Os líderes diretivos davam ordens e instruções, tomando decisões em nome de suas equipes e esperando que seus subordinados os seguissem. Ao contrário destes, os líderes participativos tentavam mobilizar seus seguidores por meio de um processo de tomada de decisões mais consultivo.

O contexto é rei

Os pesquisadores sobre liderança também exploraram o papel da situação ou do contexto na liderança. Alguns líderes são eficazes durante um período, mas não em outro. Winston Churchill foi um líder eficaz no período da guerra, mas não em momentos de paz, por exemplo. Talvez, situações e contextos diferentes demandam estilos diferentes de liderança. Essa é a essência da *teoria situacional*. Dela advém a *teoria da contingência*, em que as variáveis situacionais são levadas em consideração para selecionar o estilo de liderança mais apropriado em um determinado conjunto de circunstâncias. A liderança situacional está estreitamente associada a Paul Hersey, ex-professor de liderança e autor de *The Situational Leader*, e a Ken Blanchard, autor de *The One Minute Manager*, que atualmente é o Chief Spiritual Officer (isto é, um líder espiritual na esfera corporativa) da The Ken Blanchard Companies. Inicialmente, ambos desenvolveram seus modelos enquanto colaboravam com a primeira edição de *The Management of Organizational Behavior* em 1969. A princípio conhecida como a teoria do ciclo vital da liderança, em 1977 foi revisada para a teoria da liderança situacional, um pouco menos cativante.[5]

Blanchard e Hersey identificaram quatro estilos de liderança que poderiam ser usados em situações diferentes: *comando*, um estilo autocrático para quando os subordinados não estão preparados ou não querem fazer o que lhes é solicitado; *venda*, que muitas vezes é visto como um estilo do tipo *coaching*; *participação*, em que há uma tomada de decisão compartilhada entre o líder e seus seguidores, e o líder adota um papel de facilitador; e *delegação*, que envolve, depois de o líder ter identificado a tarefa, atribuir responsabilidade para que os seguidores realizem essa tarefa. Enquanto isso, o psicólogo Fred E. Fiedler esboçou um modelo de liderança contingencial em que a eficácia está relacionada a dois fatores: *estilo de liderança* e *controle situacional* – o controle e a influência conferidos ao líder devido à situação. Estes eram norteados por uma série de outros fatores, como a relação entre o(a) líder e seus seguidores, o fato de a tarefa ser estruturada ou não e o poder que o líder tem dentro da organização.[6]

Liderança em termos relativos

Talvez a maior reviravolta no campo da liderança tenha ocorrido com o trabalho do cientista político James MacGregor Burns no final dos anos 1970. Burns introduziu a ideia de que há dois estilos de liderança contrastantes: liderança *transacional* e *transformacional*. No primeiro, há uma relação reciprocamente benéfica entre o líder e o seguidor que atende às necessidades de ambas as partes. Em contraposição, a liderança transformacional trata de um comprometimento das duas partes, em que cada uma delas compreende as motivações da outra, entrando em uma relação de vínculo reciprocamente estimulante. Os líderes transformacionais levam a interação líder-seguidor a um nível diferente.[7]

A liderança transformacional tem sido um dos conceitos dominantes da teoria da liderança desde 1970. Por outro lado, o bastão da liderança transformacional vem sendo conduzido por vários pesquisadores que desenvolveram diferentes facetas do conceito.

O primeiro foi Bernard Bass, que apresentou quatro componentes da liderança transformacional. A *influência idealizada* resulta dos padrões morais e éticos do líder: o líder atua como um modelo a ser seguido, que é admirado e respeitado por seus seguidores; a *motivação inspiradora* estimula os seguidores a assumir metas compartilhadas; o *estímulo intelectual* estimula o pensamento independente, o argumento, o discurso, o pensamento racional e a solução de problemas; e a *consideração individualizada* ocorre quando o líder fornece aos seguidores aconselhamento e atenção pessoal.[8]

O conceito atraiu interesse generalizado. Não surpreendentemente, a ideia de um líder inspiracional, que envolve as emoções das pessoas, é mais atraente do que a do líder transacional, que está interessado somente no aspecto da relação "Se eu fizer isso para você, você faz outra coisa em troca" e usará recompensas ou punições para obter o que deseja.

Líderes conduzem mudanças

A teoria da liderança tem sido revisada mais recentemente no contexto da mudança. Por exemplo, Edgar Schein do MIT e, posteriormente, John Kotter e Rosabeth Moss Kanter da Harvard Business School, abordaram a liderança e a mudança.

Kanter observou os líderes que se sobressaem ao lidarem com a mudança – os mestres da mudança – e também pesquisou a liderança de reestruturação em detalhes. Com base nos estudos de várias reestruturações, ela sugeriu que a informação e as relações são elementos essenciais. Um líder de reestruturação deve facilitar uma mudança psicológica de atitudes e comportamento antes que possa ocorrer uma recuperação organizacional. Ela identifica quatro componentes essenciais do processo de reestruturação: promover o diálogo, gerar respeito, estimular a colaboração e inspirar iniciativas.

Um conceito relacionado é a ideia de liderança no ponto de desequilíbrio. A noção de ponto de desequilíbrio foi popularizada no livro homônimo de Malcolm Gladwell.[9] Gladwell observou como o surgimento de uma tendência é semelhante ao alastramento de infecções e à ciência da epidemiologia. O que não é um processo organizado. "Ideias, produtos, mensagens e comportamentos alastram-se como um vírus", sendo necessários apenas alguns transportadores para que a infecção cultural se espalhe. O progresso da nova ideia surge, seguindo uma rápida curva de crescimento, atingindo a massa crítica no "ponto de desequilíbrio".

Ideias eficazes e inovadoras sobre liderança podem progredir de forma semelhante. W. Chan Kim e Renée Mauborgne, professores da escola de administração internacional INSEAD, produziram um argumento atraente sobre esse conceito em sua ideia de "liderança no ponto de desequilíbrio", exemplificada pelo antigo chefe de polícia de Nova York, William Bratton (veja o Capítulo 8).[10]

Reinvenção da liderança

Em outro lugar, o psicólogo e ex-jornalista do *The New York Times*, Daniel Goleman, argumentou que os líderes precisam da inteligência emocional (IE). O QI sozinho não é suficiente. Os gerentes precisam compreender e gerenciar suas próprias emoções e relações se desejam ser líderes eficazes. O conceito de Goleman de inteligência emocional baseia-se no trabalho de David McClelland, teórico da psicologia dos Estados Unidos que ajudou a determinar um modelo de competências e foi orientador de Goleman em Harvard, e Howard Gardner, psicólogo do desenvolvimento e professor de cognição e educação da Harvard Graduate School of Education na Harvard University, que desenvolveu a teoria das inteligências múltiplas.

Em *Primal Leadership*, Goleman defende o cultivo de líderes emocionalmente inteligentes.[11] Ele e seus coautores, Richard E. Boyatzis e Annie McKee, explicam os quatro domínios da inteligência emocional – autopercepção, autorregulação, consciência social e gestão de relacionamento – e como estes dão origem a diferentes estilos de liderança. Trata-se de um repertório de liderança que os líderes podem dominar e usar para obter grande sucesso.

Enfim, alguns estudiosos estão adotando uma posição mais radical em relação à liderança para o século XXI. Parte deles argumenta que a liderança é distribuída em equipes. Katherine J. Klein da Wharton passou 10 meses estudando equipes médicas em ação no Centro de Traumatologia de Baltimore. Sua visão detalhada da liderança em ação a levou a adotar uma perspectiva exclusiva da liderança "como um sistema ou estrutura – uma característica não de indivíduos, mas da organização ou unidade como um todo".

Nas condições de pressão e tensão em que a unidade de trauma trabalha, em que decisões ruins ou segundos desperdições fazem toda a diferença entre a vida e a morte, a liderança era "um papel ou, mais especificamente, um conjunto de funções dinâmicas, socialmente habilitadas e restritas que podem ser desempenhadas por vários indivíduos que, ao longo do tempo, ocupam posições importantes de autoridade especializada na equipe".[12]

Em tal situação, a liderança foi produto das "normas, rotinas e definições de papéis" da organização ou unidade. A função do líder existia separadamente das muitas pessoas que ocupavam a função, dependendo das circunstâncias.

Klein identificou quatro funções de liderança principais: proporcionar direção estratégica, monitorar o desempenho da equipe, instruir os membros da equipe e fornecer assistência prática quando solicitado.

Com base nas conclusões de Klein, as organizações devem implantar as estruturas necessárias para dar suporte àquele que assumir um cargo de líder – ter papéis bem definidos e normas claramente identificadas –, em vez de se concentrar em selecionar líderes brilhantes.

Outros, como Lynda Gratton, professora da London Business School, argumentam que a liderança é uma função que ajuda os funcionários a se realizarem em uma democracia organizacional na qual são cidadãos, e não meros funcionários. Gratton descreve tal cenário em seu livro *The Democratic Enterprise*.[13]

Caminhos da liderança

Apesar das milhões de palavras dedicadas ao assunto da liderança, ainda esperamos uma definição definitiva e universalmente aceita de liderança. Na verdade, os conceitos sobre liderança se tornaram mais fragmentados.

Os conceitos tradicionais associados à liderança, como traços e estilo, ainda são considerados importantes, e os CEOs de fama heroica ainda têm muito destaque em algumas organizações. Ao mesmo tempo, novas abordagens, como liderança silenciosa, liderança autêntica, adesionismo e liderança distribuída, vieram à tona.

Mas é possível dizer que, quando se trata de compreender a liderança, mudamos da liderança diretiva e derivada da autoridade e do poder para uma crença maior na natureza interativa da liderança e na liderança por consentimento.

Embora a liderança enfocasse CEOs e executivos seniores, generais e presidentes, reis e rainhas, ela não está mais exclusivamente atrelada ao ápice da hierarquia organizacional. Em geral, aceita-se que há líderes em diferentes partes de uma organização, e que todos necessitam de tanto suporte e atenção quanto os líderes no topo.

No entanto, afirmamos com alguma certeza que novos conceitos sobre liderança continuam surgindo. Mesmo depois de séculos de exploração dos fundamentos da liderança por muitas pessoas, esse campo ainda está evoluindo.

Para os próximos capítulos, escolhemos alguns aspectos comuns na emaranhada rede da teoria moderna da liderança.

Capítulo 2: Provações da liderança

A liderança, disse Warren Bennis, fundamenta-se em experiências profundamente sentidas. Embora a juventude não seja necessariamente uma barreira para se tornar um líder, é preferível que os jovens líderes tenham passado por uma provação e saído ilesos dela.

Para nós, Bennis define provação como "eventos ou testes absolutamente transformadores a que os indivíduos devem se sujeitar e dos quais vão obter sentido a fim de aprender, crescer e liderar".

O desafio para os líderes jovens é que as provações são raras e não podem ser artificialmente reproduzidas. Para muitos líderes mais velhos, a Segunda Guerra Mundial e a Grande Depressão da década de 1930 foram provações nas quais eles formaram seus valores. A próxima geração de líderes terá que encontrar outras experiências para desenvolver seu talento e comprometimento de liderança.

Capítulo 3: Liderança de nível 5

Os líderes não somente precisam estar em contato com suas emoções e com as emoções dos outros, mas também precisam ser humildes, de acordo com Jim Collins, o autor do *best-seller* de 2001 *Good to Great* (e coautor do *best-seller* de 1994 *Built to Last*).[14] Collins defende a Liderança de nível 5, uma combinação de abnegação, humildade e perseverança. Esses líderes normalmente são "silenciosos", e não os carismáticos heróis de personalidade marcante muito aclamados por Wall Street e pela City de Londres. Na liderança, a fronteira final é a humildade.

Capítulo 4: A vida como ela é

Se a liderança heroica está "por fora", a liderança autêntica definitivamente está "dentro". A liderança autêntica é o antídoto para os excessos de liderança dos líderes que se acham estrelas. Não podemos todos ser heróis, mas podemos ser honestos com nós mesmos. A liderança está ao alcance de todos.

Em parte, a liderança autêntica reflete uma reação contra a liderança heroica e a teoria dos traços. Entre os defensores desse conceito estão Bill George, o antigo CEO da Medtronic, e acadêmicos de cursos de administração, como Rob Goffee e Gareth Jones.

Na liderança autêntica, os melhores líderes tiram o maior proveito das qualidades que já possuem. Eles usam suas forças e compreendem suas fraquezas. Para ser úteis, essas qualidades devem ser reais, percebidas pelos outros e significativas. A liderança autêntica definitivamente não se trata de adotar os estilos ou traços de outros líderes de sucesso. A liderança autêntica precisa de introspecção e de uma crescente conscientização. Os líderes que pegam atalhos, pulando essas etapas necessárias de autodesenvolvimento, podem adotar personalidades falsas que não são leais a seus próprios valores e crenças.

Os líderes que assumem personalidades falsas podem ser altamente danosos para as organizações, principalmente se estiverem utilizando suas falsas personalidades e liderança para compensar falhas pessoais percebidas.

Capítulo 5: O carisma e o lado sombrio

Uma possibilidade de pesquisa tem sido os méritos da liderança carismática e heroica e o lado mais sombrio da liderança. No final dos anos 1990, Michael Maccoby observou uma mudança anunciada na personalidade daqueles no topo das empresas. A nova espécie de líderes empresariais desejava se tornar o centro das atenções. "Há algo de novo e ousado nos CEOs que estão transformando a indústria de hoje", observou.[15] Na visão de Maccoby, esses líderes de personalidades marcantes assemelhavam-se ao tipo de personalidade que Sigmund Freud descrevia como narcisista. Embora a liderança narcisista não fosse necessariamente algo ruim, ela poderia facilmente vir a ser.

A liderança carismática está associada à liderança narcisista, e este é um conceito desenvolvido pelo sociólogo Max Weber e vários teóricos da liderança, incluindo Jay Conger do Claremont McKenna College.

Os líderes carismáticos atuam com destaque ao longo da história, incluindo figuras como Napoleão, Churchill e Gandhi.

Mesmo que o carisma já tenha sido considerado uma qualidade de liderança desejável e até necessária, seus benefícios como um atributo estão sendo cada vez mais questionados.

Capítulo 6: Adesionismo

Um efeito da teoria transformacional foi focar a atenção na relação líder-seguidor. O artigo de 1980 intitulado "Managing Your Boss", escrito pelos professores de Harvard John Kotter e John Gabarro, apresenta a relação administrador-chefe como de dependência mútua.[16] Os autores argumentaram que se a relação não fosse necessariamente boa, o seguidor deveria reservar algum tempo para cultivar uma relação de trabalho mais produtiva.

Alguns anos depois, em 1988, "In Praise of Followers", artigo do consultor e acadêmico Robert Kelley, apareceu na *Harvard Business Review*, colocando a ideia do adesionismo no centro das atenções.[17]

Em *Followership*, Barbara Kellerman, da Escola de Governo John F. Kennedy da Harvard University, pergunta onde os líderes estariam sem bons seguidores. É uma pergunta especialmente relevante em uma época na qual, afirma Kellerman, as "restrições culturais contra empregar pessoas em cargos de poder, autoridade e influência foram enfraquecidas". Ela também observa que os "seguidores estão ganhando força e influência, enquanto os líderes estão perdendo esses dois fatores".[18]

Capítulo 7: Onde os líderes encontram o mundo

A liderança não existe em um vácuo corporativo e organizacional. Ela traz consequências e se sobrepõe à sua vida. Como, então, equilibrar trabalho e vida, e o que isso significa para a liderança?

Capítulo 8: Os *líderes em ação*

Nada é mais prático do que uma grande teoria. Mas onde isso deixa a liderança, uma disciplina um tanto prática, atormentada por uma profusão de ideias brilhantes e conceitos vagamente definidos?

CAPÍTULO
2

Provações da liderança

Há um momento na vida de um líder em que ele cumpre seus objetivos, salta da administração à liderança, de membro da equipe a líder. Para Warren Bennis, esse momento aconteceu quando ele era o mais novo oficial da infantaria no teatro de operações europeu, durante a Segunda Guerra Mundial. Essa experiência foi o que Bennis mais tarde chamou de *provação*.

"A provação, por definição, é uma vivência transformadora por meio da qual um indivíduo adquire um novo ou alterado senso de identidade", descreveu Bennis.[1]

O momento da provação foi imprescindível para a elaboração das qualidades de liderança nas pessoas que Bennis entrevistaria posteriormente. "Descobrimos que algo mágico acontece na provação – uma alquimia por meio da qual o medo e o sofrimento são transformados em algo glorioso e redentor. Esse processo revela, senão cria, a liderança, a capacidade de inspirar e colocar os outros em ação."[2]

Essas pessoas foram capazes de transformar o acontecimento, fosse ele a luta em uma guerra, algum desastre, fosse outro evento significativo, bom ou ruim, em suas vidas – e construir uma narrativa em torno dele; sobre o desafio, como lidaram com ele, o que aprenderam e como, consequentemente, tornaram-se melhores líderes.

Em chamas

Bennis tem os dentes brancos, está permanentemente bronzeado e reside na Califórnia. Na verdade, sua *aparência* é de um líder. Conversamos com ele diversas vezes ao longo dos últimos 20 anos. Ele é uma pessoa entusiasmante. Enquanto discutíamos o conceito de provação, perguntamos a ele sobre como criá-la.

É possível que as pessoas criem sua própria provação?

Essa é a grande questão. Acredito que provações sejam criadas o tempo todo. Todos nós vivemos provações, mas o que fazemos quando elas terminam? Aprendemos com elas? Extraímos sabedoria delas? Tem me intrigado o modo como criamos em nossas instituições a capacidade de entender o que ocorre quando as organizações e os indivíduos vivem provações. Não se trata de como as criamos; elas nos acometem o tempo todo. Nós as vemos como um sonho, de modo que, quando acordamos e escovamos os dentes, elas viram fumaça? Ou pensamos sobre esse sonho e aprendemos com ele? É a mesma coisa em relação às provações: ter que demitir pessoas, ser demitido, ser transferido para um escritório de que não gostamos, ou pensar que vamos perder cargo quando talvez isso não ocorrá. É uma questão de como a organização pode utilizar a provação de todos os dias e extrair sabedoria, a fim de aprender organicamente com as experiências. Minha preocupação é como tirar proveito das provações diárias se muitas vezes não temos consciência delas.

Então, os líderes devem buscar essas incertezas?

Você não pode criar a prisão de Mandela na ilha de Robben nem as experiências de John McCain no Vietnã. Elas são extremas.

Você não pode ser responsabilizado pela época em que vive.

O presidente Clinton sempre sentiu uma leve inveja de outros presidentes, pois não teve que lidar com uma guerra que o permitisse provar seu valor. Com Teddy Roosevelt ocorreu o mesmo, embora tenha enfrentado alguns conflitos pequenos.

Existe uma visão de que os líderes de hoje foram formados pelos anos 1960, que foi um período turbulento nos Estados Unidos. Eles não vivenciaram provações, como a Segunda Guerra Mundial ou a Grande Depressão.

Você poderia olhar para essa geração de nerds e dizer que seu período de formação terminou no dia 11 de setembro de 2001, mas ele começou em 1989 quando o Muro de Berlim caiu e a Guerra Fria terminou, e depois houve a introdução da World Wide Web.

Então, não é uma questão de geração; isso afetou um período mais curto.

Se somos criaturas moldadas pelas circunstâncias, isso não significa que somos impotentes?

É isso mesmo. Um dos nossos grandiosos e antigos líderes, John Gardner, foi marinheiro na Segunda Guerra Mundial e trabalhou com o Presidente Johnson. Ele era tímido e introvertido, mas foi impelido a liderar. Entrevistei-o durante uma semana, quando também entrevistava dois jovens rapazes que tiveram que dispensar de sua empresa 25 colegas. Perguntei a Gardner o que ele achava que criaria mais angústia e carga emocional: estar na guerra ou demitir alguns dos seus amigos mais próximos. Ele ficou indeciso.

Mas eventos em uma escala cósmica, quando você pensa qual seria o impacto no mundo, são bem diferentes de ser enviado para um trabalho em outro país por seu empregador.

Sua experiência na guerra certamente foi uma provação para você, mas você saiu dela se vendo como um líder?

Penso em mim, hoje, como um líder de pensamento. Vim de uma família realmente pobre e, depois da guerra, decidi que já a havia superado e me senti bem sobre o que tinha feito como jovem oficial. Fui para Frankfurt, onde tinha um carro bacana e um apartamento. Era uma vida muito boa. Adquiri disciplina e um senso de autocontrole. Sentia que sabia cuidar de mim e estava motivado a aprender mais. Pensava: agora estou preparado para enfrentar a vida, mas não me sentia um líder. Continuei assim até abril de 1947.

Isso me influenciou muito e me colocou diante de situações que, de outra forma, não teria vivido. Eu era muito tímido e me achava um ser humano entediante. Durante o período em que estive no exército, eu me senti mais interessante para mim mesmo. Foi um processo de amadurecimento.[3]

Depois do incêndio

Depois da guerra, Bennis tornou-se um estudante universitário no Antioch College, orientado por Douglas McGregor, criador do conceito motivacional de Teoria X e Teoria Y. Mais tarde, Bennis seguiu McGregor no MIT, onde fez seu doutorado em economia e ciências sociais. Tornou-se membro do corpo docente e presidente do Departamento de Estudos em Organizações. "Meu trabalho inicial abordava a dinâmica de pequenos grupos, uma área mais clássica da psicologia social. Mudei para os Grupos T, treinamento de sensibilização e, em seguida, para sistemas sociais", lembra Bennis.

Depois de ter sido o estudioso precursor das dinâmicas de grupo durante os anos 1950, Bennis tornou-se futurologista nos anos 1960. Seu trabalho – especialmente *The Temporary Society* (1968) – explorou novas formas organizacionais.[4] Para Bennis, as organizações precisavam se tornar *adocráticas* – *o extremo oposto de burocráticas* – libertas dos malefícios da hierarquia e dos papéis sem significado. (O termo *adocracias* foi, posteriormente, utilizado por Alvin Toffler, entre outros).

Ao mesmo tempo em que estava prevendo futuros possíveis para o mundo dos negócios, Bennis estava confrontando a realidade, por vezes frustrante, de ser líder: como administrador universitário, diretor e vice-reitor executivo da Universidade Estadual de Nova York em Buffalo, e como reitor da Universidade de Cincinnati. Apesar de sua paixão repousar no campo da liderança, a prática não correspondia às expectativas.

"Quando estava na Universidade de Cincinnati, percebi que estava buscando o poder por meio de um cargo, o de reitor da universidade. Eu queria *ser* o reitor da universidade, mas não queria *exercer* o cargo. Queria a influência", disse ele. "Enfim, eu não era muito bom sendo reitor. Olhei pela janela e percebi que o homem que estava cortando a grama parecia ter mais controle sobre o que fazia do que eu".

Bennis voltou a fazer o que gostava: lecionar, pesquisar, realizar consultorias, escrever e falar sobre liderança. Hoje ele é professor benemérito de administração de empresas e professor de gestão e organização na Escola de Negócios Marshal em Los Angeles da Universidade do Sul da Califórnia (USC), onde fundou o Instituto de Liderança. Também preside o conselho consultivo do Centro de Liderança Pública na Escola de Governo Kennedy da Universidade de Harvard.

"Desde que comecei a pensar, penso sobre liderança", afirma. "Provavelmente é uma armadilha que eu mesmo criei. Meu primeiro artigo de peso foi escrito em 1959 e era sobre liderança. Desde 1985, a maior parte do meu trabalho tem sido nessa área. Você constrói um tipo de valor de marca e há um grau de conivência entre este e o mercado: se falam em liderança, isso é com Bennis. Isso torna a vida um pouco mais simples".[5]

Sobre líderes

Em 1985, o livro: *Leaders: The Strategies for Taking Charge* foi publicado com a coautoria de Bennis e Burt Nanus, fundador e diretor do Center for Futures Research da Universidade do Sul da Califórnia.[6] O livro é baseado em uma pesquisa que avaliou a vida de 90 dos mais conhecidos líderes da América. Essa combinação eclética de nomes incluiu Ray Kroc, fundador do

McDonald's, e muitas outras pessoas do mundo dos negócios, dos esportes e das artes, e até o astronauta Neil Armstrong.

"Eram indivíduos com o hemisfério direito ou esquerdo do cérebro dominante, altos ou baixos, gordos ou magros, eloquentes ou não eloquentes, assertivos ou cedentes, vestidos para o sucesso ou para a derrota, participativos ou ditadores", disse Bennis.[7] Apesar dessa diversidade, eles estavam unidos em ao menos uma coisa: todos demonstraram "liderança em situações de confusão".

Entre esses líderes, Bennis e Nanus identificaram quatro capacidades comuns: gestão da atenção, da interpretação, da confiança e de si mesmo. Gerir a interpretação envolve o uso eficaz de habilidades comunicativas e tecnologia para dar vida à visão e torná-la real. A comunicação eficaz envolve analogias, metáforas, ilustração vívida, emoção, confiança, otimismo e esperança.

A confiança é "a liga emocional que une seguidores e líderes". Entre outras coisas, ela é sustentada pela consistência. A última característica que os líderes estudados por Bennis compartilhavam era o "emprego de si mesmos". Tornar-se um bom líder requer trabalho árduo. A ênfase está na persistência e no autoconhecimento, na tomada de riscos, no comprometimento, no desafio e, acima de tudo, na aprendizagem. "A pessoa que aprende espera ansiosamente falhas e erros", diz Bennis. "O pior problema na liderança é basicamente o sucesso precoce. Não há oportunidade de aprender com a diversidade e os problemas."[8]

Os líderes também possuem uma "sabedoria emocional", uma autoestima positiva. Essa sabedoria é caracterizada por uma capacidade de aceitar as pessoas como elas são; de abordar as questões somente em termos do momento presente; de tratar todos com atenção e cortesia; de confiar nos outros, até mesmo quando isso parece ser uma estratégia arriscada; e de se expor sem constante aprovação reconhecimento.

Aprenda a liderar

Conforme Bennis sugere de forma repetida e corajosa, a liderança pode ser aprendida, isso é central em seu trabalho, particularmente no livro *Leaders*. "Toda pessoa tem que dar uma contribuição verdadeira em sua vida. A instituição do trabalho é um dos principais meios para isso. Estou cada vez mais convencido de que os líderes podem criar uma comunidade humana que, no longo prazo, levará às melhores organizações".[9]

Entretanto, para que isso seja alcançado, temos que superar cinco mitos sobre a liderança. Primeiro: a liderança não é uma habilidade rara. Segundo: os líderes são criados, e não nascidos. Terceiro: os líderes são pessoas normais, ou aparentemente normais, e não pessoas carismáticas. Quarto: a liderança não se limita às pessoas no topo das organizações; ela é relevante em todos os níveis. E finalmente, a liderança não consiste em controle, direção e manipulação; consiste em alinhar a energia das pessoas com um objetivo atraente.

Depois, em *On Becoming a Leader*, Bennis voltou sua atenção para uma pergunta comum nas organizações: qual é a diferença entre administradores e líderes? Essa é uma distinção importante, segundo Bennis.

"Para sobreviver no século XXI, vamos precisar de uma nova geração de líderes, não de administradores. É uma distinção importante. Os líderes vencem o contexto – os ambientes voláteis, turbulentos e ambíguos que às vezes insistem em conspirar contra nós e que certamente vão nos sufocar se os deixarmos –, enquanto os administradores rendem-se a ele."[10]

Bennis propõe uma lista útil das diferenças fundamentais entre gerentes e líderes:

- O gerente administra; o líder inova.
- O gerente é uma cópia; o líder é um original.
- O gerente mantém; o líder desenvolve.

- O gerente foca na estrutura e nos sistemas; o líder foca nas pessoas.
- O gerente depende do controle; o líder inspira confiança.
- O gerente tem uma visão de curto prazo; o líder tem uma perspectiva de longo prazo.
- O gerente pergunta como e quando; o líder pergunta o que e por quê.
- O gerente olha para a linha final do balanço; o líder olha para a linha do horizonte.
- O gerente aceita o *status quo*; o líder o desafia.
- O gerente é o clássico bom soldado; o líder é ele mesmo.
- O gerente faz tudo certinho; o líder faz a coisa certa.[11]

Lidere com os outros

Na metade dos anos 1990, Bennis estava pesquisando o trabalho em grupo e a liderança cooperativa. No seu livro de 1997, *Organizing Genius*, focou sua atenção no poder dos grupos, em como eles se organizam e no papel da liderança nos grupos.

Ele descreve o trabalho e as conquistas de grupos de excelência, como o Skunk Works de Lockheed; a equipe de pesquisa envolvida no Projeto Manhattan, que inventou a bomba atômica; e o lendário Centro de Pesquisas da Xerox em Palo Alto.

Os líderes são um elemento essencial de um grande grupo, embora não seja o líder que torne o grupo incrível, e sim todos os integrantes do grupo e sua interação.

Mais uma vez, Bennis questiona a noção do líder heroico. A visão heroica do líder como um indivíduo indomável é hoje inapropriada e ultrapassada. "Ele ou ela é um sonhador pragmático, uma pessoa com uma visão original, mas possível. Ironicamente, o líder é capaz de realizar o seu sonho somente se os demais forem livres para fazer um trabalho excepcional."[12]

Em vez de impor sua vontade aos outros, os líderes devem encontrar um caminho para liderar que se adapte ao grupo. "Inevitavelmente, o líder tem que inventar um estilo de liderança que se adapte ao grupo. Os modelos padronizados, em especial o de comandar e controlar, simplesmente não funcionam. Os cabeças dos grupos têm de agir de forma decisiva, mas nunca arbitrariamente. Devem tomar decisões sem limitar a autonomia percebida dos demais. Criar e manter uma atmosfera na qual os outros possam fazer a diferença é a ação criativa do líder."[13]

No mesmo período em que *Organizing Genius* foi publicado, Bennis também estava pesquisando as equipes de liderança abaixo do CEO, que eram frequentemente as pessoas que resolviam tudo na organização. Em *Co-Leaders: The Power of Great Partnerships* (1996), Bennis e seu coautor, o professor visitante da Universidade de Georgetown David A. Heenan, passaram os olhos por Bill Gates, então CEO da Microsoft, para analisar seu braço direito, Steve Ballmer.[14] Eles também examinaram muitos outros colíderes para entender as relações entre o líder e os liderados e identificar semelhanças.

Por volta dos anos 2000, Bennis defendia o que chamou de "nova liderança". Ele argumentava que a fragmentação da cadeia de valor exigia um tipo diferente de liderança, em que a capacidade de influenciar era altamente valiosa.

Conversamos com Bennis sobre a nova liderança e seu trabalho nos grupos.

Você se vê como um romântico?

Se um romântico for alguém que acredita nas possibilidades e é otimista, então essa é uma descrição precisa. Acho que todos têm que fazer uma verdadeira contribuição na vida, e a instituição do trabalho é um dos principais caminhos para alcançar isso. Estou cada vez mais convencido de que os líderes individuais podem criar uma comunidade humana que, no longo prazo, levará às melhores organizações.

Grandes grupos pedem grandes líderes?

A grandeza começa com pessoas fantásticas. Grandes grupos não existem sem grandes líderes, mas eles refutam a noção persistente de que as instituições de sucesso existem à sombra de um grande homem ou mulher. Não está claro que a vida sempre foi assim tão simples que os indivíduos, agindo sozinhos, conseguem resolver os mais significativos problemas. Nenhum de nós é tão esperto sozinho quanto todos juntos.

Então, o tipo de herói como John Wayne está ultrapassado?

Sim, o herói solitário morreu. No lugar do solucionador de problemas individual, temos um novo modelo de realização criativa. Pessoas como Steve Jobs e Walt Disney lideraram grupos e encontraram sua grandeza dentro deles. O novo líder é um sonhador pragmático, uma pessoa com uma visão original, mas viável. Ironicamente, o líder consegue realizar seus sonhos somente se os outros forem livres para realizar um trabalho excepcional. Em geral, o líder é aquele que recruta os demais, tornando sua visão tão palpável e sedutora que os outros a veem e assinam embaixo prontamente.

Mas isso não é algo impraticável?
Com certeza. Muitas organizações são maçantes, e a vida profissional é bastante banal. Não há como fugir disso. Por isso, esses grupos podem servir de inspiração. Um grupo incrível é bem mais do que uma reunião de mentes brilhantes. É um milagre. Tenho um otimismo desmedido. Ao olhar as possibilidades, todos podem evoluir.

O que será necessário para que os futuros líderes sejam eficazes?
A organização pós-burocrática demanda um novo tipo de aliança entre os líderes e os liderados. As organizações de hoje estão evoluindo para federações, redes, agrupamentos, equipes multidisciplinares, sistemas temporários, forças-tarefa *ad hoc*, hierarquias, módulos, matrizes; praticamente qualquer coisa, exceto pirâmides com suas lideranças obsoletas de cima para baixo. O novo líder vai encorajar a discordância saudável e valorizar os seguidores que são corajosos o suficiente para dizer não.

Isso não marca o fim da liderança – ao contrário, indica a necessidade de uma nova forma de influência, muito mais sutil e indireta se os líderes quiserem ser eficazes. A nova realidade é que o capital intelectual (capacidade intelectual, *know-how* e imaginação humana) substituiu o capital como fator crítico de sucesso, e os líderes terão que aprender um novo conjunto de habilidades que não podem ser compreendidas, nem ensinadas nos cursos de administração e, por tudo isso, raramente são praticadas. Quatro competências vão determinar o sucesso da nova liderança.

Qual é a primeira?

O novo líder entende e pratica o poder do reconhecimento. Esses líderes reconhecem o talento, são mais curadores do que criadores. O líder raramente é o melhor e mais brilhante nas novas organizações. Eles farejam o talento, uma bagagem imaginativa, e não têm medo de contratar pessoas melhores do que eles. Em minha pesquisa com grandes grupos, percebi que, na maioria dos casos, o líder raramente era o mais esperto ou exigente. Peter Schneider, presidente do bem-sucedido estúdio Feature Animation da Disney, lidera um grupo de 1.200 animadores. Ele morreria de fome se tivesse que desenhar. Bob Taylor, antigo diretor do Centro de Pesquisas da Xerox em Palo Alto, onde o primeiro computador comercial foi inventado, não era cientista da computação. Max De Pree definiu perfeitamente quando disse que os bons líderes "abandonam seu ego pelo talento de outros".

Então, o que vem depois?

O novo líder sempre lembra às pessoas aquilo que é mais importante. Quando as organizações se esquecem do que realmente importa, elas caem na burocratização da imaginação e na entropia. Parece fácil, mas a frase é um dos poucos conselhos que dou aos líderes: lembre à sua equipe o que é importante. Uma visão poderosa o bastante consegue transformar o que de outro modo seria rotina e trabalho duro em energia coletivamente focada. Veja o Projeto Manhattan. O exército dos Estados Unidos tinha recrutado engenheiros talentosos de todo o país para uma missão especial no projeto. Sua atribuição era trabalhar nos computadores primitivos daquela época (1943-1945), fazendo cálculos de energia e outros trabalhos entediantes.

O exército, no entanto, estava obcecado por segurança e recusava-se a contar a eles qualquer detalhe sobre o projeto. Eles não sabiam que estavam construindo uma arma que poderia acabar com a guerra, nem o que seus cálculos significavam. Esperava-se que eles, simplesmente, executassem o trabalho, o que faziam vagarosamente e não muito bem. Richard Feynman, que supervisionava os técnicos, passou por cima de seus superiores para contar aos recrutas o que estavam fazendo e por quê. Foi concedida a permissão para quebrar o sigilo, e Robert Oppenheimer deu-lhes uma palestra especial sobre a natureza do projeto e sua própria contribuição.

"Transformação total", Feynman lembra. "Eles começaram a inventar maneiras de trabalhar melhor. Eles aprimoraram o plano. Trabalhavam à noite, sem precisar de supervisão, ou de qualquer coisa. Eles entenderam tudo e inventaram vários dos programas que usamos." Feynman calculou que, depois de fazer sentido, o trabalho foi feito "aproximadamente 10 vezes mais rápido".

Charles Handy mostra isso em seu livro *The Hungry Spirit*. Somos todos espíritos famintos buscando propósito e significado no trabalho, a fim de contribuir com algo além de nós mesmos, e os líderes nunca devem se esquecer de lembrar às pessoas o que é importante.

Pelo que mais os líderes se esforçam?

O novo líder gera confiança e a sustenta. Todos estamos cientes de que os termos do novo contrato social de trabalho mudaram. Ninguém pode depender a vida inteira da lealdade ou do comprometimento com qualquer empresa. Desde 1985, cerca de 25% da força de trabalho americana foi dispensada ao menos uma vez. Em uma época em que o novo contrato social enfraquece o vínculo entre as organizações e seus trabalhadores, a confiança torna-se a liga emocional que pode atrelar as pessoas a uma organização.

Confiança é uma palavra simples com uma conotação poderosa e é um fator bastante complexo. Os ingredientes são uma mistura de competências, constância, atenção, justiça, sinceridade e, acima de tudo, autenticidade. E os novos líderes alcançam isso quando conseguem equilibrar com êxito o tripé de forças que operam na maioria de nós: ambição, competência e integridade.

E a última competência?

O novo líder e seus liderados são aliados íntimos. O poder de *A lista de Schindler*, de Steven Spielberg, está na transformação de Schindler, um pequeno homem desprezível e maltrapilho que se muda para a Polônia para utilizar a mão de obra judaica barata na fabricação de munições, que poderia então vender para os alemães a baixo custo. Sua transformação ocorre em um período em que ele interage com os trabalhadores judaicos, na maioria das vezes com o contador, Levin, mas também há frequentes e dolorosos momentos em que ele confronta o mal da guerra e do Holocausto.

Na penúltima cena, quando a guerra acaba e os nazistas evacuam a fábrica antes de as tropas americanas chegarem, os prisioneiros lhe dão um anel que fizeram para ele com os preciosos metais que utilizavam. Enquanto ele tenta colocar o anel, começa a chorar: "Por que, por que estão fazendo isso? Com esse metal, podíamos ter salvado três, talvez quatro, ou até cinco judeus a mais". E ele vai embora em lágrimas.

É difícil ser objetivo a respeito dessa cena, mas, embora seja um evento único e singular, ele retrata o princípio da nova liderança: os grandes líderes são feitos por grandes grupos e por organizações que constroem a arquitetura social do respeito e da dignidade. Esses novos líderes não serão donos das vozes mais altas, mas sim, dos ouvidos mais atentos. Em vez de pirâmides, essas organizações pós-burocráticas serão estruturas de energia e ideias, lideradas por pessoas que encontram sua alegria na tarefa que realizam, abraçados uns aos outros – sem se importarem em deixar monumentos para trás.

Se você chega em uma empresa, qual é a pergunta mais importante que você faz?

Em uma escala de 1 a 10, com 10 correspondendo a 100% e 1, perto de zero: quantos de seus talentos estão sendo aplicados em seu trabalho e por quê?

As coisas esquentaram

Para o livro de 2003, *Geeks and Geezers: How Era, Values, and Defining Moments Shape Leaders,* Robert Thomas e Bennis entrevistaram quase 50 líderes: *"geeks"* (líderes entre 21 e 35 anos) e *"geezers"* (homens e mulheres entre 70 e 93 anos).[15] Apesar das diferenças de idade, os dois grupos de líderes tinham aspectos importantes em comum.

A pesquisa levou a um modelo de desenvolvimento de lideranças. Os líderes de sucesso tinham quatro competências essenciais: a capacidade de envolver as pessoas por meio de significados compartilhados, uma voz inconfundível e convincente, integridade e capacidade adaptativa. De todas, a última foi considerada a mais importante.

Na conversa com Bob Thomas, ele expôs a gênese do livro.

Um aluno me chamou e contou que ele recebeu uma proposta bastante atraente para trabalhar em uma empresa iniciante de Internet, mas não sabia muito bem o que fazer. Ele já estava em um cargo muito bom em uma empresa que constava na lista *Fortune 50*, e estava sendo orientado pelo CEO. Havia inúmeras oportunidades e possibilidades diante dele, mas, mesmo assim, ele sentia que, em certos aspectos, representaria o papel de outra pessoa.

Eu o pressionei sobre essa questão: por que escrever o próprio papel era tão importante para ele? Sua resposta foi: "bom, passei a reconhecer que aprendo quando me coloco em risco, e é esse tipo de experiência que quero reproduzir".

Eu disse: "me dê um exemplo de quando você aprendeu algo". Ele me contou da época em que era responsável por uma fábrica de plásticos e alguém pulou etapas em uma tarefa, o que criou uma condição muito insegura; um cano estourou, a pessoa sofreu queimaduras graves e acabou morrendo devido a esses ferimentos.

Meu aluno disse que aprendeu que ser líder não se trata apenas de alcançar os objetivos traçados para você ou pensar novos modos de fazer as coisas, mas sim de ser, de alguma forma, o líder de uma comunidade. E ele nunca pensou que um negócio pudesse ser uma comunidade ou que se importaria tanto com as pessoas que liderava, porque aprendeu na faculdade, e em todo o lugar, a ser muito bom com números.

Aquela experiência o abalou bastante, e não se tratava apenas de que agora ele teria que ser responsável como um líder de comunidade. Essa é uma lição importante a ser aprendida, mas ele aprendeu mais: são esses tipos de grandes acontecimentos, em que você é colocado contra a parede, ou encontra algo que nunca tinha visto antes, que ensinam as maiores lições.

Ele disse, " não sou um caçador de emoções. Não me coloco em risco sem necessidade, mas sei que vou aprender grandes coisas somente nesse tipo de circunstâncias".

De volta ao dilema sobre pegar ou não o trabalho em uma empresa iniciante, ele sentiu estar diante de uma dessas grandes oportunidades, como se algo lhe dissesse que esta era sua chance de aprender coisas importantes.

A partir da experiência desse jovem, concluí a ideia de que há momentos e lugares nos quais você aprende mais coisas importantes do que em outros. Se você for bom em detectar essas situações, em vê-las se aproximando ou em reconhecer que está em uma delas, você poderá, de fato, aprender coisas novas e valiosas.

Então, quando Bennis e eu fizemos o livro, enfatizamos não apenas a importância da noção das provações e das pessoas que aprendem com esse tipo de experiência, mas também havia outra coisa implícita aí, que era saber distinguir entre os tipos de lições que as pessoas tiravam.

Houve lições que foram aprendidas pelos líderes sobre liderança e sobre eles mesmos como líderes. Isso é importante, mas quando as pessoas descreveram essas lições, elas soaram um tanto banais, o tipo de coisa que qualquer livro didático mostraria. Foi o segundo tipo de lição que realmente me intrigou, ou seja, as lições que eles tiraram do modo como aprendem. Se você tem algum entendimento sobre o que é preciso para aprender coisas importantes – não apenas o que é necessário para acumular conhecimento ou para tornar-se versado em algo, mas o que é preciso para ter um novo entendimento sobre quem você é e o que pode ser –, então esse será um catalisador da aprendizagem.

Greezers e geeks

Para o inquieto questionador Bennis, conectar-se com a geração mais jovem era claramente uma oportunidade de aprender. Mas também o questionamos a respeito dos *geezers* (coroas).

Os geezers *(coroas) não são inevitavelmente mais interessantes do que os* geeks *(jovens)?*

Odiaria dizer isso, já que sou um deles. Odiaria soar tendencioso ou fazer aqui qualquer juízo de valor, mas eles viveram mais e já passaram por muita coisa. O que acho que os *geeks* não viveram foram provações, como a Segunda Guerra Mundial ou a Grande Depressão. Durante seus anos de formação, os *geeks* viram prosperidade, crescimento e sucesso ininterruptamente. Eles com frequência são filhos da abundância.

O 11 de setembro foi o primeiro choque coletivo na visão de mundo com a qual eles cresceram. Foi um susto para eles.

Você fala dos geeks como sufocados pelas possibilidades.
Sim. Penso que isso cria ansiedade. O mundo é a casa deles, e podem escolher o que fazer. Eles têm tantas opções e possibilidades.

Todo ano, leciono uma disciplina sobre a arte e a aventura na liderança para uma turma cujos alunos têm 20 anos de idade. Eles são os melhores e mais brilhantes, mas também ficam tão confusos que acabam indo para o curso de direito. Acho que um terço dos alunos que participam dessa aula acaba mesmo indo para o direito porque não sabem bem o que fazer. Os estudantes asiáticos já são bem mais orientados vocacionalmente porque são a primeira geração de americanos. Eles tendem a ir para as ciências ou medicina. Eles absorvem a incerteza por meio das profissões. Você observa isso também em outros grupos; lembre-se da expressão judia "meu filho, o doutor".

Mas tanto geeks quanto geezers parecem estar bem certos de sua visão de mundo?
A questão do equilíbrio trabalho-vida é uma verdadeira divisão entre as gerações. Perguntei a um dos

geeks o que ele estaria fazendo se não existisse algo parecido com um computador. Ele fez uma longa pausa e então disse: "não sei", e acrescentou que teria sido um contador infeliz.

E as pessoas que não são geeks, nem geezers? Não é uma espécie de terra de ninguém?

Quando penso no público leitor deste livro, penso ser este justamente o grupo do meio. Essas pessoas devem ser os compradores. Os *geeks* não leem, e os *geezers* não compram livros da categoria empresarial (embora eu não veja esse livro como um livro empresarial).

Meu coautor sempre diz: "E eu?". Esse grupo não é o único que vai comprar o livro, mas é um ponto de articulação. Penso que essas pessoas têm a responsabilidade de ser os tradutores, aqueles que vão auxiliar cada grupo.

Estava falando com meu genro, que tem 40 anos. Muitos dos seus amigos, apenas um pouco mais velhos, estão lutando para se habituar com a tecnologia e a Internet. Logo, as pessoas do grupo do meio, que estão confortáveis com a tecnologia, mas que são um pouco mais velhas e sábias, serão o ponto de articulação.

Você detecta o mesmo nível de autoconhecimento nos geeks com quem conversou?

A impressão que eu tenho é que eles sentem que têm mais licença para falar de si e dos seus sentimentos íntimos. Isso difere para alguns dos *geezers*, que nunca sonhariam em falar sobre suas relações com a família ou coisas do gênero. Há uma verdadeira restrição entre os *geezers*, uma espécie de reserva, enquanto aqueles da geração mais jovem se sentem mais à vontade a respeito de seus sentimentos, aspirações, etc.

E sobre a forma como desenvolvemos os líderes? Muitas pessoas entram em programas de MBA sem uma base de autoconhecimento.

Algumas universidades dos Estados Unidos têm duas semanas de indução focada na equipe de trabalho, e eles usam o indicador Myers-Briggs para que os estudantes se tornem conscientes de quem são. É preciso perceber que os membros do corpo docente da maioria das faculdades de administração, na verdade, não realizaram muita coisa. Não fizeram o trabalho pesado da verdadeira liderança.

Estou feliz que as escolas de administração hoje estejam buscando pessoas que tenham trabalhado por três a cinco anos. Em muitas instâncias, esses estudantes têm mais experiência do que o corpo docente.

Sou totalmente a favor de um sistema nacional de serviço; é uma grande necessidade. A juventude está pronta para sair de casa, mas não tem para onde ir. Isso não deveria ser especificamente o serviço militar (embora eu não exclua isso), mas uma forma de ganhar experiência antes de ir para os cursos de direito ou administração.

Há um curso obrigatório sobre ética na Harvard Business School, mas não na maioria das instituições.

É um tópico bem difícil, mas precisamos pensar no propósito da educação. Temos que perguntar nos cursos de administração: "Há algo mais importante do que dinheiro? As corporações existem para algo mais do que dinheiro e resultados?". Claro que sim, mas temos que explicar isso melhor.

Existe alguma diferença entre os geeks *e os* geezers *em termos de como eles lidam com o dinheiro?*

Os *geezers* foram criados no modo de sobrevivência de Maslow. A maioria cresceu em condições de pobreza com aspirações financeiras limitadas. Eles pensavam que ganhar 10.000 dólares por ano seria o suficiente. Compare isso aos *geeks*, alguns deles ganharam muito dinheiro enquanto ainda jovens. Eles estão operando em um contexto diferente. Se estiverem falidos, estarão mais preocupados em sobreviver do que em fazer história.

Como reduzir a diferença entre geeks *e* geezers*?*

Devemos. Seria interessante ouvir as famílias discutindo este livro. Acho que os *geezers* podem ter mais dificuldade com as mudanças que estão a caminho, como a tecnologia. Você começa a pensar sobre sua mortalidade quando chega aos 60 e tem certa inveja da juventude. Nessa fase, você já não é mais promissor.

O diálogo entre as gerações é importante. Inúmeras empresas, como a GE, têm mentoria reversa, na qual os mais jovens servem de mentores aos mais velhos para que estes se sintam mais à vontade com o mundo digital. Há muito preconceito com a idade, o que provavelmente eu não perceberia se não estivesse nos meus 80. Quando as pessoas me veem em um carro com meus cabelos brancos, elas se comportam de forma diferente. Essas serão questões profundas para a sociedade como um todo.

CAPÍTULO 3

Liderança de nível 5

Humildade é uma palavra dificilmente associada aos líderes modernos. Na verdade, um líder humilde é quase uma contradição. Não precisa ser assim. Quem liderou a discussão intelectual a favor da humildade foi C. K. Prahalad, que ficou no topo da lista do Thinkers50 em 2007, em 2009 e antes de sua morte prematura, em 2010. Quando conversamos com C. K. um pouco antes de sua morte, ele falou sobre liderança.

Na sua opinião, quais serão as características da nova geração de líderes?

Acredito que a humildade seja um bom começo. Acho que chegamos a um ponto no qual as pessoas acreditavam que, para se tornarem líderes, precisavam ser arrogantes. Não. Em primeiro lugar, quando pensamos em liderança, estamos falando de esperança, de mudança e de futuro. Baseado nessas três premissas, o que desejo são líderes que estejam dispostos a ouvir, porque o futuro não é algo claro. As pessoas podem contar sobre o passado porque há certezas nele. Já em relação ao futuro, não há muitas certezas, então você precisará ouvir e trazer várias perspectivas.

Deixe-me usar uma metáfora. Vejo os bons líderes como cães pastores. Os bons cães pastores devem seguir três regras. Número um: você pode ladrar muito, mas não morder. Número dois: você tem que estar sempre atrás, e nunca na frente das ovelhas. Número três: você deve saber aonde vai e nunca perder as ovelhas.

Sempre digo isso porque acredito que, quando você pensa em liderança, está falando em consenso, porque quando há *stakeholders* e uma preocupação com a cocriação, você deve ouvir e obter consenso. Você pode ter muitas conversas, e isso é o equivalente a ladrar muito, e não morder. As pessoas que discordam do que você pensa se tornam mais valiosas do que aquelas que concordam com você, pois, por que precisaria de funcionários se já faz todo o serviço? Ou seja, se todas as pessoas que trabalham para concordam com você, por que precisa de tantas? Você já sabe a resposta. A discordância faz parte da compreensão de como será o novo líder.

E você deve ter um ponto de vista sobre o futuro. Você não pode liderar, a menos que tenha um ponto de vista. No entanto, a maioria dos líderes não tem um ponto de vista e, quando o tem, não o expressam com clareza. Aumentar a riqueza dos acionistas não pode ser um ponto de vista sobre o futuro. Isso é pontual para fazer as coisas certas.

Dessa maneira, diria que o líder precisa articular um ponto de vista não somente sobre onde a empresa pode se situar, mas... quais são as estruturas subjacentes da sociedade e de que modo a empresa vai participar desta sociedade e configurá-la, e ter uma compreensão clara de como obter consenso e ouvir a discordância.

Como você lidera dos bastidores? É preciso ter muita humildade.

E, por fim, diria que os líderes do futuro terão mais autoridade moral. O que não é o mesmo que autoridade hierárquica. Quando penso em pessoas com uma imensa autoridade moral, lembro-me de pessoas como Gandhi. Se pensar em Gandhi, perceberá que ele não tinha grandes armas. A sua força era moral. E a virtude de Gandhi foi nunca ser dogmático. Ele era firme. Muitas vezes autocrático, mas estava disposto a mudar seus métodos.

Ele também dizia que os meios eram tão importantes quanto os fins; não se aproveite dos britânicos quando eles têm problemas. Ou seja, ele poderia ter se aproveitado muitas vezes. Todos o aconselharam a fazer isso. E ele respondeu: "Não, não desta vez; esperaremos, porque os meios são tão importantes quanto os resultados". Ele tinha uma admirável autoridade moral. As pessoas o ouviam.

Ele nem sempre foi a pessoa mais democrática, mas ouvia muitas pessoas e tinha valores claros, que é o último tópico que desejo abordar. Meu exercício de imaginação favorito é se alguém fosse até Gandhi e dissesse: "Você declarou liberdade total, completo *swaraj*; por que não vamos lá e matamos logo 10.000 britânicos?", seria vetado. Ele responderia: "Não é assim que conquistaremos a liberdade, pois há valores muito mais profundos envolvidos em como faremos isso". Sem violência. Uma resistência pacífica, lutando contra leis injustas por meios pacíficos.

Acho que seria esse meu modo de pensar sobre um líder.

Lembramos que você nos contou anteriormente que, algumas vezes, comparava Gandhi ao general Patton, que era um tipo bastante diferente de líder. Há virtudes no estilo de liderança de Patton? Como você o caracterizaria?

O estilo de liderança de Patton tinha muitas vantagens. Mas, pense bem, ele estava usando a posição hierárquica como uma forma de demonstrar credibilidade. Sim, ele foi um general muito bem-sucedido, mas, se você assistir ao filme, que sempre me fascina, a grande bandeira americana e todos muito bem vestidos e conversando com seus filhos, enquanto você balança seu neto em sua perna – estou parafraseando – e ele pergunta a você: "Vovô, o que você fez na Grande Guerra?", você não precisa responder: "Estava por aí enterrando dejetos com uma pá".

Basicamente, o que ele está dizendo? Garanto que vocês vão sobreviver, não tenham medo. Por que qual é o medo de um garoto entre 19 e 20 anos? É de ser ferido, e muitos foram. Mas ele está dizendo a eles: "Não se preocupem, vamos vencer". E ele nunca usou a palavra *alemães*. Disse: "Mataremos os hunos". A razão disso é muito simples: havia muitos alemães ou soldados de descendência alemã no exército.

Patton também era muito poderoso, mas a diferença entre Gandhi e ele é que os métodos de Gandhi perdurarão mais. Gandhi dizia que se assumirmos a postura olho por olho, toda a aldeia ficará cega. É uma forma bem diferente de pensar. Você não enfrenta a força com força; você enfrenta a força com autoridade moral, e certamente enfrenta a força por meio do consenso e da lógica. São maneiras diferentes de resolver conflitos.

Acredito que, algumas vezes, precisamos de George Patton, mas, em muitas instâncias, o consenso significa resolver o conflito. Isso requer compreensão, empatia, tempo e paciência. Se pensar em paz mundial e estabilidade, não está claro para mim que combater a força com força é o caminho certo a seguir.

Ironicamente, acredito que, quando começamos a nos questionar sobre isso, percebemos que a forma mais segura de chegar a um acordo pacificamente é por meio do diálogo e da conversa. Na verdade, não sei de quem é a autoria, mas, de qualquer forma, é um pensamento interessante. Você não tem que fazer as pazes com seus amigos; tem que fazer as pazes com seus inimigos. Ou seja, onde as pessoas não concordam com você é onde você precisa conversar mais. De que serve conversar com pessoas que só concordam com você?

Um toque de humildade

Jim Collins reuniu-se com mais líderes do que esperava. Sua pesquisa consistia em observar um vasto número de empresas para descobrir por que algumas perduram e outras fracassam, o que torna algumas boas, incríveis, ou verdadeiros desastres. A partir dessa pesquisa, foram desenvolvidos vários livros, em especial *Built to Last* (com Jerry Porras), *How the Mighty Fall*, *Good to Great* e *Great by Choice* (com Morten Hansen), bem como inúmeros artigos.

Built to Last: Succesful Habits of Visionary Companies chegou às prateleiras em 1994.[1] O livro, que ficou na lista de *best-sellers* da *Businessweek* por mais de seis anos, pretendia identificar as qualidades essenciais para a construção de uma grande e duradoura organização, a que os autores deram o nome de "práticas bem-sucedidas de empresas visionárias".

As empresas que perduram têm uma visão eficaz que incorpora a ideologia principal da organização, a qual, por sua vez, apresenta dois componentes: os valores principais (um sistema de princípios e dogmas norteadores) e o objetivo principal (a razão principal para a existência da organização).

Collins afirma que os valores principais são "os dogmas essenciais e duradouros da organização; um pequeno conjunto de princípios norteadores; não confundi-los com práticas operacionais ou culturais específicas; não comprometê-los para fins financeiros ou conveniências de curto prazo".[2]

"As empresas que gostam de garantir o sucesso têm valores principais e um objetivo principal que permanecem os mesmos enquanto suas práticas e estratégias empresariais se adaptam o tempo todo ao mundo em permanente mudança", escreveram Collins e Porras.[3]

Antes de *Built to Last*, Collins começou sua carreira docente e de pesquisa na Escola de Administração de Stanford. Depois de lecionar em Stanford por sete anos, voltou para sua cidade natal, Boulder, no Colorado, e começou um laboratório de gestão que realizava vários projetos de pesquisa plurianuais, trabalhando com executivos sêniores nos setores público, privado e social. Tornou-se "um professor autônomo que conseguiu sua própria cátedra e concedeu a si mesmo vitaliciedade". Seu laboratório examina questões e estruturas empresariais sob o ponto de vista estatístico. "Os outros gostam de opiniões", afirmou Collins. "Eu prefiro dados".

De bom a excelente

Em 1996, Collins e sua equipe de pesquisa se debruçaram sobre outra questão empresarial desafiadora: uma boa empresa pode se tornar uma empresa excelente? E, se sim, como? Collins achou que, ao analisar empresas que superaram a divisão entre o bom e o excelente e aquelas que fracassaram em dar esse salto, ele conseguiria separar os fatores que fizeram a diferença.

Após cinco anos, Collins obteve algumas respostas. A equipe havia identificado inúmeros fatores envolvidos para transformar uma empresa boa em excelente; ainda assim, como havia observado, o mais surpreendente foi o tipo de liderança necessário.

O que diferenciava as empresas boas das excelentes reduziu-se a diferentes tipos de liderança. Enquanto Collins inicialmente estava descrente de que era possível atribuir tal diferença (entre boa e excelente) ao estilo de uma única pessoa, seus dados lhe mostraram exatamente o oposto.

Collins criou um novo termo no léxico da liderança para descrever esse tipo de líder: liderança de nível 5. Ao fazer uma análise das habilidades de cada nível, o nível 1 refere-se às competências individuais, alguém que usa seu conhecimento e talento para contribuir para a organização. O nível 2 refere-se às habilidades da equipe e o trabalho de maneira eficaz com um grupo. No nível 3, uma pessoa exibe competência de gerenciamento; ele ou ela consegue organizar as outras pessoas para que estas trabalhem em prol de objetivos compartilhados. O nível 4 é a liderança no sentido convencional não Jim Collins: o líder articula uma visão e estimula um desempenho.

O nível superior é o nível 5. O líder de nível 5 é o excelente, enquanto os líderes de nível 4 são somente bons.

Os líderes de nível 5 têm todas as habilidades de um líder dos quatro níveis anteriores, e algo mais: eles subordinam as necessidades de seu ego e o próprio interesse às necessidades da organização. As pessoas de nível 5 têm um comprometimento quase heroico com a empresa e sua missão. A empresa capta todas as suas emoções – não há espaço ou energia para a autopromoção. A empresa vem em primeiro lugar. Mas esses líderes nunca estão sozinhos. Precisam de uma boa equipe com eles, a qual é de sua responsabilidade desenvolver.

Ao contratar executivos sêniores, as organizações devem buscar uma liderança de nível 5, recomenda Collins. Mas como são esses líderes e onde você os encontra? Bom, para começar, eles não são grandes personalidades ou celebridades egocêntricas.

De fato, a liderança de nível 5 contesta a afirmação de que transformar as empresas de boas em excelentes requer líderes lendários. Os líderes que ficaram no topo da lista no estudo de cinco anos de Collins eram relativamente desconhecidos fora de seus setores. As conclusões parecem sinalizar uma mudança de ênfase do herói para o não herói. Dentro da organização, veja onde há um desempenho excelente, mas ninguém está clamando para ser relacionado ou associado a esse sucesso.

De acordo com Collins, a humildade é um ingrediente essencial da liderança de nível 5. Sua fórmula simples é humildade + vontade = nível 5. "Os líderes de nível 5 são um estudo sobre dualidade", observa Collins, "modesto e obstinado, tímido e destemido".[4] Esses líderes apresentam vários atributos distintos, afirma Collins. Embora sejam cruciais para obter resultados excelentes, eles nunca se gabam disso, preferindo evitar o protagonismo.

Eles estão determinados em relação aos objetivos da organização; no entanto, não motivam por meio do poder da personalidade em um sentido carismático, mas sim pela demonstração de princípios e padrões. Ao planejar o sucesso duradouro, eles se sentem felizes e até entusiasmados para organizar uma sucessão eficaz.

Quando as coisas não vão bem, esses líderes não se eximem da responsabilidade. Ao contrário, eles estão contentes em suportar o fardo da responsabilidade. E, mesmo quando as coisas vão bem, eles são rápidos em elogiar os outros e reconhecer as contribuições de sua equipe.

Quando você muda sua perspectiva sobre a liderança e adota uma visão de nível 5 do mundo, o mapa de talentos da organização muda. Os líderes de nível 5 podem ser encontrados dentro de muitas organizações. O problema é o culto aos heróis executivos sêniores que permeia o mundo empresarial.

"Se permitirmos que o modelo de liderança de celebridade estrela do rock triunfe, veremos o declínio de corporações e instituições de todos os tipos", afirma Collins. "O século XX foi de grandeza, mas enfrentamos a perspectiva real de que o próximo século verá muito poucas instituições duradouras. Se o bom é inimigo do excelente – e acredito que é –, as tendências atuais na liderança dão a vantagem óbvia ao inimigo."[5]

Como liderar no caos

O mundo moderno é um lugar caótico, e nem todo líder acha fácil lidar com o caos. Depois de *Good to Great*, Collins deparou-se com outra questão que o intrigou: como algumas organizações e líderes conseguem prosperar no caos? Collins utilizou uma abordagem bem conhecida: encontrar empresas que lidam bem com o caos e que sejam bem-sucedidas, apesar da desordem, e examinar de que modo estas diferem daquelas organizações que não lidam com isso de maneira satisfatória.

Collins e sua equipe começaram com 20.400 empresas candidatas, reduzindo essa lista para apenas sete; ele chamou essas organizações [6] de 10X, pois seu desempenho era pelo menos 10 vezes melhor do que o padrão do setor.

Por que essas organizações eram tão bem-sucedidas em um ambiente caótico e acelerado, enquanto outras não? Uma grande parcela da diferença no desempenho deveu-se à liderança, relatou Collins.

Collins usa o exemplo de Roald Amundsen e Robert Falcon Scott e sua viagem ao Polo Sul para ilustrar a diferença. Ambas as equipes que iam para o Polo Sul tinham recursos e habilidades semelhantes, e ambas estavam operando em um ambiente de igual dificuldade. O que acabou levando Amundsen ao sucesso em chegar ao Polo primeiro e ao fracasso de Scott, perecendo no gelo enquanto voltava, foi uma diferença de comportamento. Essa diferença foi muito parecida com aquela entre os líderes das empresas 10X e os das empresas que não conseguem prosperar em momentos caóticos.

Os líderes das empresas 10X, ao enfrentarem um mundo que são completamente incapazes de controlar, buscam exercer controle sobre os aspectos que eles conseguem controlar. Collins diz que eles "adotam o paradoxo de controle e sem controle". Eles compreendem e aceitam que alguns aspectos do mundo são incertos e incontroláveis, mas se recusam a aceitar a ideia de que eles não têm controle e responsabilidade por seu destino.

Em geral, os líderes 10X exibem três traços comportamentais, diz Collins: "disciplina fanática, criatividade empírica e paranoia produtiva". Talvez o mais interessante, na visão de Collins, do líder 10X em um mundo caótico seja o conceito que ele chama de a marcha das 20 milhas. O segredo é fazer um progresso estável, atingindo de forma consistente os indicativos de desempenho por um longo período de tempo. Assim, se fosse possível avançar mais do que as "20 milhas" fictícias, qualquer que fosse o alvo representado, o líder iria conter-se. Ao mesmo tempo, independentemente da dificuldade, o líder sempre buscaria o alvo que estivesse próximo ao marco de 20 milhas. Esses líderes são ambiciosos, mas têm autodisciplina e autocontrole para conter-se.

No caso de Amundsen, sua equipe fez um progresso constante em direção ao objetivo, nunca exagerando, mesmo em condições favoráveis. Em contrapartida, disse Collins, o progresso de Scott foi de paradas e recomeços, exagerando em condições favoráveis e parando em dias ruins.

Níveis

Quando conversamos com Jim Collins, começamos questionando-o sobre a liderança de nível 5. Ele prontamente nos deu uma ampla perspectiva.

O que você pode nos dizer sobre a liderança de nível 5?

Primeiro, deixe-me voltar um pouco. Em geral, sou contra a visão de mundo centrada no CEO. As respostas sobre liderança normalmente me parecem simplistas demais e há o risco de abranger muitas variáveis. Se uma empresa tem um desempenho excelente, dizemos que a liderança foi excelente; caso contrário, dizemos que a liderança não foi tão excelente quanto pensávamos.

Vejo a liderança estando em nossa versão da Idade das Trevas. Em um período anterior, sempre que não entendíamos algo – um terremoto, baixa safra ou doenças – atribuíamos a Deus. Mas, na Renascença e no Iluminismo, foram descobertas novas áreas da física e da química, e conseguimos elaborar explicações diferentes para terremotos e baixas safras.

Nos séculos XX e XXI, quando analisamos o mundo social, o mundo feito pelo homem, ainda estamos na Idade das Trevas. Isso pode ser observado em nossa predileção em procurar por respostas na liderança. A liderança representa para o século XX o que Deus era para um período muito anterior. Isso não significa que você deve se tornar ateu. No entanto, se parar de buscar respostas sempre em Deus ou na liderança, você descobrirá outros fatores subjacentes.

Então, como essa visão de liderança influenciou sua pesquisa?

Sempre digo, em nossa pesquisa, vamos ignorar o papel do líder para observar os outros fatores. Vamos supor que haja outras coisas a descobrir – leis da física. Indo nesse caminho, a descoberta da liderança de nível 5 divulgada no *Good to Great* não era o que eu esperava encontrar. Sequer desejava descobri-la. Não era algo que estávamos buscando.

Não me sentia confortável em ter no título de um capítulo a palavra *liderança*. Para mim, era como um fracasso, mas é claro que não era. Foi bom termos encontrado algo interessante.

A equipe de pesquisa disse: achamos que os CEOs dessas empresas têm um impacto enorme, seja quando mudam de um nível para outro, seja quando vão do nível bom para o excelente. Minha resposta foi que as empresas comparadas também tinham líderes, líderes surpreendentes em inúmeros casos, mas estas acabavam não tendo desempenhos tão bons. Dessa forma, você não pode dizer que a resposta é a liderança, porque há líderes notáveis em ambos os tipos de empresas. A liderança não é uma variável; então, voltem e façam algo de útil e procurem qualquer outra coisa.

Mas a equipe de pesquisa insistiu. Eles disseram: "Jim, o que você não está entendendo é que está vendo essa ideia como binária: ou você é um grande líder ou não, e esse é o X da questão. E acreditamos que há muito mais nuances do que isso". Finalmente, isso levou à ideia de que a liderança é uma série evolutiva de capacidades e níveis de maturidade. Então não é uma questão de liderança ou não, mas sim de "qual estágio de liderança" e qual nível de maturidade foram alcançados.

Por sua vez, isso nos levou ao *insight* de que aquelas empresas que tendem a produzir os resultados melhores e mais duradouros ao longo do tempo têm as características que atribuímos ao nível 5, enquanto outras empresas tendem a ter líderes que ficam empacados no nível 4. Então, não se tratava de liderança; a verdadeira questão era: você é um líder de nível 4, de nível 3 ou de nível 5? E isso levou à questão de "Quais são as características do líder de nível 5?". De que substância eles eram feitos que os tornava diferentes dos outros?

E quais foram suas conclusões?

No final, chegamos a uma definição essencial. E quanto mais convivo com essa definição desde a pesquisa, que começou em 1996, mais confortável me sinto com ela. A dimensão central para o nível 5 é um líder que seja ambicioso mais do que tudo pela causa – pela empresa e pelo trabalho, e não por si mesmo – e tenha uma vontade absolutamente incomensurável de ter êxito com essa ambição. É essa a combinação – o fato de não se tratar do líder, de ele ou ela não estarem acima de tudo, de tratar-se da empresa e de seus interesses no longo prazo, dos quais o líder é apenas uma parte. Mas não significa submissão, nem fraqueza; muito menos de ser mera marionete. Refere-se ao outro lado da moeda.

Alguém que coloca a empresa em primeiro lugar?

As pessoas que demitirão seu próprio irmão, se for preciso, para que a empresa seja excelente. Elas vão apostar na empresa. Elas vão dar suas vidas nas piores circunstâncias, se for necessário, para que a empresa seja excelente. Elas, inclusive, vão se afastar da função de CEO se isso fizer a empresa ser excelente. Elas farão o que for preciso. Não importa o quão dolorosa ou o quão emocionalmente estressante seja a decisão, elas vão querer fazer isso. É essa combinação muito incomum que separa os líderes de nível 5.

Você pretende ampliar sua pesquisa para o setor sem fins lucrativos e social?

Bom, fazendo uma previsão do meu trabalho, estou cada vez mais interessado no setor não empresarial.

Nesta manhã, estava trabalhando em um grande artigo que estou escrevendo a respeito do bom ao excelente no setor social. Gostaria de fazer uma pesquisa em que usássemos o mesmo método de pares combinados e o aplicássemos a organizações de saúde sem fins lucrativos: uma que fosse do bom ao excelente, e outra que não.

Por fim, acredito que a maior contribuição de nosso trabalho seja nosso método. Na verdade, não são nossas descobertas. Nossas descobertas apenas derivam de nosso método de pesquisa. A questão que mais me interessa é: como construir uma sociedade excelente? Você consegue isso garantindo que todas as partes da sociedade sejam excelentes.

Se tivéssemos uma sociedade com apenas grandes empresas, teríamos uma sociedade próspera, mas não excelente. Para que uma sociedade seja excelente, não é suficiente ter grandes empresas; precisamos de escolas excelentes e abrigos excelentes, também precisamos de orquestras excelentes que toquem músicas excelentes e de sistemas de saúde excelentes. Enfim, precisamos de governos excelentes, órgãos governamentais excelentes, cidades excelentes e departamentos de polícia excelentes. Esses são todos os elementos de base para uma sociedade excelente. É uma questão que eu, pessoalmente, acho muito estimulante.

Estou escrevendo um texto sobre pesquisa empresarial agora, mas pode ser o último que desenvolverei sobre o assunto. Como trabalho a questão do bom ao excelente no setor social, estou realmente curioso em relação às diferenças entre o setor social e o empresarial. Estou completamente convencido de que as ideias também se aplicam ao setor social e, em alguns aspectos, aplicam-se ainda mais. Se posso destacar um aspecto, é a diferença essencial entre o setor empresarial e o setor social ou governamental. Um grande engano que as pessoas cometem é dizer que a solução principal para os problemas do setor não empresarial é que este se torne mais semelhante ao setor empresarial. Essa é uma resposta errada. Pois o que a maioria das empresas faz, agora sabemos, não está correlacionado com os resultados. E já que a maioria das empresas é medíocre, por que você desejaria importar as práticas da mediocridade? Assim, a distinção real não é entre o empresarial e o social, mas entre o bom e o excelente.

E suas ideias são relevantes para as organizações públicas?

Com certeza. O nível 5 aplica-se ainda melhor a esse tipo de ambiente. E é praticamente mais fácil chegar ao nível 5 em uma organização como o Serviço de Saúde Nacional do Reino Unido, devido à paixão e à causa; as pessoas certamente não estão ali por dinheiro.

Há algo que gostaria de dizer, que é realmente fundamental. Pergunte-se: por que tantos executivos empresariais que vão para os setores não empresariais fracassam? E isso ocorre com frequência. Em parte, é porque ser um líder de nível 5 nessas instituições mais sociais requer um estilo mais legislativo de liderança. Você será mais um legislador de nível 5 do que um executivo de nível 5. Se você trouxer um estilo executivo de CEO para um ambiente legislativo, no qual o poder é muito mais difuso e complexo, você perderá. O poder vencerá. Os executivos que entenderem que precisam transitar do modelo executivo para o modelo legislativo, enquanto permanecem no nível 5, tendem a ter mais facilidade.

Assim, uma manifestação precisa não se aplicaria; você não desejaria ser como os CEOs de *Good to Great*. Você quer ser um nível 5, um legislador de nível 5.

Built to Last *foi campeão de vendas por quase uma década. Por quê?*

Sempre me surpreendo ao ver como o livro continua vendendo. Acho que estamos colocando 1 milhão de cópias na impressão depois de 64 meses nas listas de *best-seller*. Por que os tópicos continuam a fascinar os leitores? Acho que há três razões. Primeiro, Jerry e eu conversamos sobre os ícones corporativos do século XX; tivemos como foco IBM, Sony e Walt Disney. Isso atrai muitas pessoas. Em segundo lugar, a qualidade de nossa pesquisa com certeza passou no teste do tempo; o livro analisou de forma singular as empresas em termos tanto históricos (voltando às suas raízes) quanto comparativos (contra os competidores principais). Por fim, muito do que está no livro são revelações sobre os humanos no trabalho; não temíamos ter descobertas empresariais misturadas com descobertas humanas, não empresariais.

Como reconhecer o que você chama de "valores principais" em uma organização?

Antes de tudo, você não precisa ter valores principais explícitos. Eles não precisam ser bonitinhos, podem até mesmo ser cruéis, e não precisam ser humanitários, embora, na maioria dos casos, eles sejam. O importante é saber que se acredita nos valores de forma eficaz. Recomendo um teste: quais valores você manteria, mesmo se o mercado, seu setor, seus clientes e a mídia o penalizassem por tê-los? Somente esses valores são realmente essenciais.

Assim, uma empresa deve abandonar os clientes e os setores que a impedem de ser fiel aos seus valores principais, mesmo se forem lucrativos?

Com certeza. É uma ideia forte que lançamos propositadamente para fazer o leitor parar e dizer: "li isso mesmo?". A maioria das pessoas pensa que você precisa ajustar seus valores a suas necessidades estratégicas. As empresas excelentes seguem o caminho oposto: elas descartam qualquer estratégia – não importando o quão lucrativa ela seja – se isso exigir ações que sejam inconsistentes com os valores principais da empresa.

E para ser um líder inovador?

A inovação depende da empresa. Se falarmos em Sony ou 3M, direi com clareza que a inovação é uma parte de seus valores principais e que eles não leram sobre ela em um livro. É algo que está no sangue e escrito em sua história. Mas há outras empresas que não valorizam a inovação, como a Nordstrom, mas isso não impede que as empresas tenham valores sólidos. A intimidade com o cliente é também um termo em voga. É um conceito estratégico, e não um valor principal. Quero dizer, não há valores principais "certos". A questão central não é quais são os valores "certos", mas quais são os valores autênticos.

E no que se refere a maximizar os lucros, o que, com frequência, é designado como a essência do capitalismo. Esse é o objetivo da empresa?

Aqueles que afirmam isso estão errados. Não sou socialista, nem o primeiro a dizer isso. Em 1954, Peter Drucker, que muito admiro, escreveu que maximizar os lucros não é a razão para que as empresas existam. É antissocial e imoral. Uma empresa não existe para maximizar os lucros de seus acionistas ou de seus proprietários. Claro que ela deve ter a preocupação de obter lucros e de ser lucrativa. Os lucros são o sangue, o oxigênio e o alimento da empresa, mas ela tem que ter um propósito maior. A expressão "maximizar lucros" é um substituto ideológico para a necessidade de encontrar um propósito; algo que às vezes é muito difícil.

Como construir uma organização visionária sem um líder carismático? Os gurus empresariais têm tentado nos vender o oposto há anos.

Esses gurus estão completamente errados. Posso fornecer a você uma lista de 20 empresas de nível mundial que não possuem um líder carismático. Deixe-me lhe perguntar uma coisa: de onde todos esses mentores tiraram a ideia de carisma? Para mim, é apenas uma versão do século XX, para o campo da gestão, daquilo que um século anterior tentou fazer ao evocar o nome de Deus para explicar tudo. A liderança carismática é um dos fatores de sucesso, mas há outros. As respostas simplistas e múltiplas têm que ser descartadas, assim como a liderança carismática.

Então, há algumas regras básicas para se tornar um empreendimento Built to Last?

Primeiramente, cada empresa precisa ter uma ideologia principal – este é o primeiro componente da visão. Ela não pode ser aplicada, como um cosmético, ou copiada de algum lugar. Deve ser descoberta. Ter uma ideologia principal significa ter valores e objetivos principais. Estes permanecem ao longo do tempo.

Em seguida, é necessário ter uma visão do futuro, o que significa definir objetivos ambiciosos para os próximos 10 a 30 anos. Esses objetivos não precisam ser 100% gerenciáveis; eles talvez tenham apenas 50 a 70% de probabilidade de sucesso. Mas terão impacto somente se forem descritos de forma nítida, se as imagens que os representam forem claras e motivadoras o suficiente, se houver paixão e convicção.

Enfim, alinhar visão e implementação é essencial. Construir uma empresa requer 1% de visão (sem ela, nada importa) e 99% de alinhamento dessa visão com a implementação. A visão fornece o contexto, mas o alinhamento permite que qualquer pessoa entenda do que se trata a empresa e para onde ela está indo, sem ter que ler papéis ou panfletos ou ouvir os discursos da "alta administração". Tudo o que você precisa fazer é observar as operações e ações da empresa.

Good to Great é uma continuação?

Na verdade, diria que é mais um capítulo anterior. O ideal seria você ler *Good to Great* antes de ler *Built to Last*. Não sabíamos disso naquela época, mas os dois livros, combinados, contam a história sobre como uma nova empresa se torna boa, depois excelente, e então uma empresa duradoura e visionária.

Mas você vê o "bom" como inimigo do excelente. Por quê?

O bom é inimigo do excelente. A sociedade não tem escolas excelentes porque temos boas escolas; não temos governos excelentes porque temos bons governos; e não temos tantas empresas excelentes porque temos muitas empresas simplesmente boas. Ou seja, a triste verdade é que muitas pessoas não têm vidas excelentes porque estão dispostas a contentar-se com vidas boas. Para ser uma empresa excelente, você tem que aderir a padrões continuamente rígidos. Você precisa parar de aceitar um comportamento e um desempenho bons o suficiente. Uma das descobertas principais do novo livro é que o que as empresas e os gerentes *param* de fazer é infinitamente mais importante do que está na sua lista de "afazeres".

O "gene da excelência" pode ser internalizado por todas as empresas, gerentes e funcionários?

Qualquer empresa – e eu disse *qualquer* organização – pode se tornar excelente. Esta é, verdadeiramente, uma de minhas próprias epifanias da última década. Acredito que aprendemos exatamente como as boas empresas se tornam excelentes. Mas as pessoas em uma empresa boa, começando pelos líderes, têm de se comprometer com isso – e permanecer comprometidas.

CAPÍTULO 4

A vida como ela é

As visíveis falhas nos padrões éticos dos líderes no início do século XXI causaram uma reação nos círculos de liderança. Alegou-se que os líderes corporativos perderam a noção dos padrões éticos de comportamento e do que a liderança realmente implica. Eles perderam a noção de si mesmos.

Após essas falhas na governança corporativa, como aquelas na Enron, que levaram à lei Sarbanes-Oxley, Bill George, então CEO da Medtronic, demandou um novo tipo de líder, um líder mais ético, segundo ele:

> Percebemos que os ingredientes ausentes nas corporações são líderes comprometidos com a construção de organizações autênticas no longo prazo... Precisa-

mos de líderes autênticos, pessoas com o mais alto nível de integridade, comprometidas em construir organizações duradouras. Precisamos de líderes que tenham um senso de propósito profundo e sejam verdadeiros com seus valores principais. Precisamos de líderes que tenham coragem de construir suas empresas para atender às necessidades de todos os *stakeholders* e que reconheçam a importância de seu serviço para a sociedade.[1]

George identificou vários atributos que ele associou com o que chamou de *líderes autênticos*, em especial, os valores definidos pela experiência, que fornecem uma direção moral, e a integridade total, o que gera confiança, bem como fornece um senso de propósito para os seguidores/funcionários.

Essas ideias foram desenvolvidas muito depois no livro de George *Authentic Leadership: Rediscovering the Secrets to Creating Lasting Value,* publicado em 2004.[2] No livro, George refina seus pensamentos sobre os líderes autênticos para determinar cinco qualidades que eles apresentam e uma qualidade de desenvolvimento adicional associada a cada uma das cinco qualidades.

Assim, de acordo com George, os líderes autênticos: entendem seu propósito e têm uma paixão por ele oriunda de sua alta motivação pelo trabalho; possuem valores sólidos, que devem incluir integridade, e os praticam, testando a si mesmos em diferentes situações; são capazes de liderar com seus corações, tratando os seguidores com afeto e estimulando os funcionários para que tenham grandes realizações; conseguem fomentar um propósito comum e criar um senso de conexão de maneira que eles desenvolvam relações duradouras com seus funcionários e inspirem lealdade e confiança neles; e têm um alto grau de autodisciplina, o que significa lidar com o estresse de maneira eficaz e manter seu bem-estar.

Em outros trabalhos, George observou mais aspectos relacionados à liderança, incluindo como construir uma empresa autêntica, mensuração do desempenho, governança e ética, inovação, sucessão e liderança em diferentes níveis organizacionais.

Aurora boreal

Em *True North: Discover Your Authentic Leadership* (2007), Bill George e Peter Sims utilizaram entrevistas com 125 líderes, entre 23 e 93 anos de idade, selecionados, principalmente, por sua reputação de autenticidade e eficácia como líderes. Naquela época, isso representou o maior estudo aprofundado sobre o desenvolvimento da liderança. A ideia era aprender como essas pessoas desenvolveram suas capacidades de liderança. Anteriormente, no entanto, os autores observaram que: "Ao analisar 3.000 páginas de transcrições, nossa equipe foi surpreendida ao ver que essas pessoas não identificaram quaisquer características universais, traços, habilidades ou estilos que as levaram ao seu sucesso."[3]

Em vez disso, George afirma que suas capacidades de liderança emergiram de suas histórias de vida. "De forma consciente e inconsciente, elas estavam se testando constantemente por meio de experiências de mundo reais e repensando suas histórias de vida para entender quem eram em sua essência. Ao fazer isso, elas descobriram o propósito de sua liderança e aprenderam que ser autênticas as tornava mais eficazes", disse.[4]

Para dar início à jornada rumo à liderança autêntica, um líder deve entender a história de sua vida. Isso fornecerá a narrativa e o contexto para a liderança autêntica, em que a pessoa baseia-se em eventos de sua vida real para orientar sua liderança hoje e no futuro.

A primeira capacidade associada à liderança autêntica que George identifica é a autoconsciência. Conforme observa, muitos líderes estão tão focados no desenvolvimento de suas carreiras que negligenciam o exercício introspectivo desafiador e, muitas vezes, doloroso necessário para que descubram seu eu autêntico. Eles também igualam o sucesso a medidas externas de sucesso, como cotação das ações, *status*, títulos, capital e fama, sem considerar se elas são realmente significativas para eles. Com uma análise honesta de suas vidas, os líderes se tornam mais vulneráveis e humanos, e menos inacessíveis e remotos.

Isso também se relaciona a outra faceta da liderança autêntica, a necessidade de equilibrar motivações extrínsecas e intrínsecas. O que significa equilibrar essas medidas externas de sucesso com a motivação intrínseca derivada do senso da razão de suas vidas. George afirma que entre os exemplos estão "crescimento pessoal, ajudar as outras pessoas a se desenvolver, levar em consideração as causas sociais e fazer a diferença no mundo".[5] Encontrar um equilíbrio entre as motivações externas e intrínsecas é essencial.

Criar uma vida equilibrada não é fácil. Os líderes têm que combinar todos os aspectos diferentes de suas vidas: sua família e amigos, sua vida no trabalho e seus parceiros, e suas vidas social e comercial. George diz que os líderes precisam integrar esses diferentes aspectos de suas vidas de tal maneira que possam ter certeza de que são as mesmas pessoas em cada um deles. Isso leva a um comportamento consistente e estável, o que, por sua vez, gera confiança.

Os líderes autênticos trabalham por meio de outros para obter sucesso. Assim, outro elemento essencial da liderança autêntica é desenvolver "equipes de suporte extraordinárias" para ajudar os líderes autênticos a manter o rumo. Em diferentes momentos, essas equipes agem como conselheiros, proporcionam uma perspectiva sensata, dão bons conselhos e indicam quando os líderes autênticos estão avançando na direção errada. Também oferecem um conforto muito bem-vindo e apoio incondicional quando necessário.

A equipe de suporte será recrutada de várias fontes, incluindo membros da família, amigos próximos e colegas. Leva tempo para construir uma rede de suporte, enfatiza George; tal rede começa com uma pessoa e depois vai aumentando. E o relacionamento tem que ser de duas vias, com o líder fornecendo suporte à equipe, bem como recebendo-o.

Não é suficiente para os líderes passar pelo processo de descoberta de seu estilo de liderança autêntica. Eles também devem aprender a capacitar as pessoas ao seu redor em suas organizações para que elas se tornem líderes por direito próprio.

Verdadeiramente real

George não estava percorrendo um caminho solitário até a liderança autêntica. A dupla europeia, Rob Goffee e Gareth Jones, também somou suas vozes.

Goffee, professor de comportamento organizacional na London Business School, e Jones, então diretor de recursos humanos e comunicações internas na BBC e vice-presidente sênior na Polygram, além de vários cargos acadêmicos, começaram suas carreiras de pesquisa como sociólogos. "Queríamos mudar o mundo, mas percebemos que, para fazer isso, em primeiro lugar, precisávamos entender melhor as complexidades do comportamento organizacional. Trabalhamos *em* grandes corporações e *com* grandes corporações, nas quais encontramos muitas pessoas inquietas, brilhantes e, muitas vezes, confusas", relataram eles.

Seu trabalho inicial abordou a liderança, mas não diretamente. Seu *best-seller* de 1998, *The Character of a Corporation*, por exemplo, tinha como foco a cultura corporativa.[6] Mas, havia implicações para os líderes. Goffee e Jones pegaram duas características culturais: sociabilidade e solidariedade. A sociabilidade se refere a ser orientado por pessoas, enquanto a solidariedade se refere a todos se comprometerem com objetivos compartilhados. Ao usar uma abordagem de matriz dois por dois, eles identificaram quatro tipos de cultura organizacional: em rede, mercenária, fragmentada e comunitária, com cada uma delas tendo implicações levemente diferentes para os líderes.[7]

A partir desse ponto inicial, o foco de Goffee e Jones voltou-se para a liderança. A pesquisa está profundamente baseada na realidade da liderança, em vez de no gênero líder como herói. No artigo vencedor do prêmio McKinsey publicado em 2000, intitulado "Por que alguém deveria ser liderado por você?", Goffee e Jones observam: "Nada pode ser feito nos negócios sem seguidores, e estes são difíceis de encontrar nestes tempos 'empoderados'. Assim, os executivos precisam saber o que é necessário para liderar com eficácia – eles somente encontram maneiras de envolver as pessoas e instigar seu comprometimento com os objetivos da empresa."[8]

Para Goffee e Jones, há quatro qualidades principais que os líderes de inspiração possuíam: eles demonstravam sua fraqueza de forma seletiva, parecendo, assim, mais acessíveis; confiavam muito na intuição nos processos de tomada de decisão; gerenciavam os funcionários com uma "empatia rígida"; e estavam preparados para revelar em que eram diferentes de seus seguidores.

Talvez um dos elementos mais importantes identificados por Goffee e Jones, no entanto, foi a ênfase na autenticidade. Conforme afirmam:

> De todas as facetas da liderança que poderiam ser investigadas, há poucas tão difíceis quanto entender o que é necessário para desenvolver líderes. As quatro qualidades da liderança são uma primeira etapa ne-

cessária. Quando consideradas em conjunto, elas preconizam que os executivos sejam autênticos. Como aconselhamos para os executivos aos quais fazemos *coaching*: "Sejam mais vocês mesmos, com habilidade". Não pode haver um conselho mais difícil de ser seguido do que esse.

Nos anos seguintes, Goffee e Jones começaram a estudar essa questão, refinando sua visão sobre a liderança à medida que seguiam. Em primeiro lugar, afirmam Goffee e Jones, há algumas verdades fundamentais sobre a liderança que todos precisam saber. Uma é que a liderança é relacional e, portanto, seguidores são necessários para que haja liderança. Como na maioria das relações, ela precisa ser cultivada. A liderança também não é hierárquica. Ou seja, ter um cargo sofisticado não transforma você em um líder. Isso significa que é possível ser um líder em qualquer nível de uma organização, desde que você possua alguns seguidores, mesmo se não tiver um cargo sofisticado. Para Goffee e Jones, a liderança também é contextual – os líderes autênticos mudam seu comportamento para se adequar ao contexto, enquanto permanecem verdadeiros consigo mesmos.

Os líderes precisam fornecer quatro coisas, em especial, para seus seguidores. A primeira é uma comunidade: os seguidores desejam fazer parte de algo. Os líderes podem conectá-los a outros e ao significado como parte do objetivo da organização. Em segundo lugar, é essencial que os líderes transmitam autenticidade para seus seguidores. Os funcionários desejam ser liderados por pessoas reais, e não por pessoas que se comportam da forma como acham que os líderes devem se comportar. Os seguidores desejam que seu líder revele o suficiente sobre si mesmo de modo que possam se conectar com ele. Em terceiro lugar, é importante que os seguidores sintam que seus esforços valem a pena e fazem a diferença. Por fim, os seguidores desejam que seus líderes os inspirem, que os entusiasmem e os animem, estimulando-os a obter grandes realizações e um melhor desempenho.

Na prática, afirma Goffee e Jones, quando os líderes imaginam como ser autênticos e o que a liderança autêntica exige deles, há quatro pontos a considerar. Há uma tensão inerente entre liderar de acordo com o contexto e ser autêntico, e os líderes devem controlar essa tensão ao ficarem altamente atentos à organização. "Somente então você conseguirá reagir como um 'autêntico camaleão', adaptando-se de forma eficaz ao contexto sem perder o senso de si mesmo. Somente então poderá começar a transformar a situação com ações simbólicas e um comportamento decisivo para criar uma realidade alternativa e inspiradora para seus seguidores", relatam Goffee e Jones.[9]

A autoconsciência faz parte da liderança autêntica. Mas não exige anos de psicanálise, afirmam Goffee e Jones. Trata-se de fazer uma conexão, saber o que e o quanto de si mesmo, suas forças e fraquezas e suas idiossincrasias para revelar aos outros. O líder autêntico não pode se conectar a menos que conheça bem seus seguidores – suas esperanças, medos, interesses e estado emocional. Para isso, os líderes precisam se aproximar de seus seguidores. Ao mesmo tempo, eles talvez tenham de desafiar ou convencer, ou, até mesmo, reprimir os mesmos seguidores, sendo importante saber como criar um distanciamento nessas situações. Por fim, para transmitir sua visão, e ainda parecerem autênticos, os líderes precisam escolher o local e o momento que correspondem à sua personalidade e ao seu estilo de liderança. E a mensagem deve ser clara e fácil para que todos a compreendam.

Curiosamente, Goffee e Jones também detalharam vários conceitos populares sobre liderança que acreditavam ser mitos. Um desses mitos, ao contrário do que argumentam muitos especialistas em liderança, é que qualquer um pode ser líder.

Não é bem assim, dizem Goffee e Jones. "Muitos executivos não têm o autoconhecimento ou a autenticidade necessários para a liderança", afirmam. E há muitos executivos que não desejam ser líderes de forma alguma.

Alternativas inteligentes

Após refinar seu modelo de liderança autêntica, Goffee e Jones voltaram sua atenção para outra questão espinhosa que muitos líderes precisam enfrentar: como gerenciar pessoas inteligentes e rebeldes. Frequentemente, alguns dos melhores inovadores e as pessoas mais produtivas nas organizações não desejam liderar, mas também não querem ser liderados. Isso dificulta um pouco mais a vida das pessoas que, supostamente, deveriam liderá-las e fazê-las cumprir os objetivos da organização.

Nem tudo está perdido, disseram Goffee e Jones, contanto que o líder adote a abordagem correta. Não diga a essas pessoas inteligentes o que fazer; use seu poder de especialista em vez da hierarquia para exercer autoridade. Dê espaço para as pessoas inteligentes fazerem o que melhor sabem, mas reserve um tempo para se esquivar de suas perguntas, se necessário, e para fazer-lhes perguntas também. Afinal, normalmente eles são mais inteligentes do que o chefe. As pessoas inteligentes gostam de ser reconhecidas e recompensadas, mas do modo como preferem, e principalmente por pessoas que elas valorizam – especialistas técnicos em sua área, por exemplo. E, é claro, o líder deve ser autêntico.

Ao longo dos anos, tivemos muitas conversas com Goffee e Jones, normalmente nos *pubs* de Londres, onde eles ficam eloquentes (no caso de Jones) e são sempre companhias interessantes. Eles se conheceram quando eram estudantes de sociologia na década de 1970.

Suas raízes estão na sociologia. Como vocês foram seduzidos pela liderança?

Jones: Sempre nos interessamos por pessoas reais fazendo trabalhos reais. Em "Por que alguém deveria ser liderado por você?", entrevistamos uma amostra de pessoas. Entre elas, estão uma enfermeira de hospital, um soldado zimbabuense, um diretor de escola, um iatista que deu a volta ao mundo e muitos outros, bem como várias pessoas em diversos cargos corporativos. Gostamos da abordagem do grande apresentador e escritor americano Studs Terkel. Se você se envolve com as pessoas, você aprende com elas. Não importa onde as pessoas exercem a liderança; elas ainda são líderes.

Isso difere da abordagem convencional. A liderança tende a ser associada ao heroico e ao famoso, mas nosso trabalho com as empresas tem nos exposto a uma variedade de líderes que se distinguem por inspirar as pessoas. É isso o que nos fascina: líderes que são bem-sucedidos em conquistar os corações, as mentes e as almas. Rob e eu somos fascinados pela liderança que, retomando as ideias de Max Weber, é antiburocrática e carismática. Ter líderes com essas qualidades não é tudo nos negócios, mas acreditamos que vale muito a pena.

Mas certamente a liderança precisa de alguns parâmetros rigorosos. Não se trata apenas de atitude e personalidade.

Goffee: É verdade, a liderança está relacionada a resultados. Tem que estar. A liderança excelente tem o potencial de despertar as pessoas para níveis extraordinários de realização. Não se trata apenas de desempenho, mas também de significado. Este é um ponto importante e que é sempre ignorado. Os líderes em todos os níveis fazem a diferença quando se trata de desempenho. E isso ocorre porque eles tornam o desempenho significativo.

E a busca por significado é cada vez mais importante para as sociedades e indivíduos. Conforme o ritmo das mudanças acelera, os indivíduos ficam cada vez mais motivados a buscar constância e significado. Nós nos tornamos cada vez mais desconfiados em um mundo dominado pelo mero protagonista.

Jones: Nas organizações, a busca pelo significado e pela coesão que os líderes proporcionam está cada vez mais clara. Observe as hierarquias. No velho mundo das organizações, havia hierarquias elaboradas, carreiras mais ou menos estáveis e fronteiras claras. Tudo isso mudou. O problema é que as pessoas agora percebem que as hierarquias não eram apenas dispositivos de coordenação estrutural nas organizações. Ao contrário disso, e de maneira mais significativa, elas eram fontes de significado. O homem da organização, com o sangue da empresa correndo em suas veias, agora tem de aceitar um mundo com alta ambiguidade em que a superidentificação com uma organização é um problema e não uma carreira. Conforme as hierarquias diminuem, o significado desaparece; então, recorremos à liderança para dar significado às nossas organizações.

Esse processo está em andamento há algum tempo. Mas os escândalos corporativos dos últimos anos lhe deram destaque. Esses escândalos são um sintoma de liderança amoral, e o dano que causaram à ideologia que torna nosso sistema econômico coerente é considerável. Um efeito colateral disso é que há muito cinismo entre os executivos. Se perguntar a eles enquanto estão no trabalho: "o que dá significado para sua vida?", eles vão contar as banalidades corporativas mais recentes. Se perguntar isso a eles quando estiverem em casa, eles vão admitir sintomas profundos de falta de sentido conforme lutam contra o estresse relacionado ao trabalho e a vidas familiares desajustadas.

Qual é a ligação entre liderança e significado?

Goffee: Se não houver um objetivo claramente articulado, o significado será evasivo. A liderança proporciona essa articulação. Essa busca por autenticidade e liderança é reforçada sempre que trabalhamos dentro das organizações. Os CEOs nos dizem que sua necessidade mais urgente é ter mais líderes em sua organização – e não os protagonistas perfeitos que parecem cercá-los. E, entre estes que estão em uma posição inferior na organização, há um apelo por uma liderança mais inspiradora ou, como também é comum, um desejo intenso de eles mesmos desenvolverem habilidades de liderança. A liderança autêntica tornou-se o ativo individual e organizacional mais valioso.

Jones: É isso que descobrimos quando perguntamos às pessoas qual conjunto de competências elas mais gostariam de desenvolver. Todos dão a mesma resposta: ajude-nos a nos transformar em líderes mais eficazes. Eles viram que a liderança faz uma grande diferença em suas vidas e no desempenho de suas organizações. O mesmo vale para quando perguntamos aos CEOs qual é o maior problema que eles enfrentam. Eles respondem com segurança: nossas organizações precisam de mais líderes em todos os níveis.

Por que os líderes estão em falta?

Jones: Acreditamos que há duas razões. Em primeiro lugar, as organizações podem desejar líderes, mas a forma como elas se estruturam acaba com a liderança. Muitas delas são máquinas de destruição da liderança. Elas incentivam ou conformistas ou protagonistas, sendo que nenhum deles contribui para líderes eficazes.

A segunda razão é que nosso entendimento de liderança é limitado. Apesar de todas as pesquisas sobre liderança, é surpreendente como sabemos tão pouco sobre o tema. Não estamos criticando nossos colegas acadêmicos quando afirmamos isso, mas estamos questionando os métodos que eles usaram e os pressupostos fundamentais nos quais a maior parte das pesquisas se baseia.

Goffee: Observe a literatura principal sobre liderança e verá que ela enfoca as *características* dos líderes. Há uma forte inclinação psicológica. Ela vê as qualidades da liderança como inerentes ao indivíduo. O pressuposto é que a liderança é algo que fazemos *para* outras pessoas. Mas, em nossa visão, a liderança deve ser vista como algo que fazemos *com* outras pessoas. A liderança deve sempre ser vista como uma relação entre o líder e o liderado.

Um corolário disso é que os livros sobre liderança tentam, com persistência, encontrar uma receita para a liderança. Há longas listas de competências e características da liderança. Qualquer um que ler estes livros está destinado a ficar decepcionado. Ler sobre Jack Welch não o transformará em um Jack Welch.

Então, não há características universais de liderança?

Jones: Acreditamos que não. O que funciona para um líder não funcionará para outro. Se você deseja se tornar um líder, você precisa descobrir o que cabe a você mobilizar em um contexto de liderança.

Você quer dizer que, para liderar, você precisa de autoconhecimento completo?

Jones: É isso que muitos dos textos contemporâneos sobre liderança sugerem. Embora ter muita inteligência emocional seja indiscutivelmente útil, nenhum dos líderes com os quais conversamos ou com quem trabalhamos, por exemplo, tinha autoconhecimento total. A vida e a liderança não são assim.

Goffee: O que eles têm é um senso de propósito abrangente, junto com um autoconhecimento *suficiente* para reconhecer seus potenciais ativos de liderança. Eles não sabem tudo, mas sabem o *suficiente*.

Jones: Isso talvez soe um pouco pragmático demais, mas, na verdade, baseia-se em reconhecer os três axiomas fundamentais da liderança. O primeiro é que a liderança é *situacional*. O que é solicitado ao líder será sempre influenciado pela situação. Pense em Rudy Giuliani em relação ao 11 de setembro ou em Winston Churchill. Na vida organizacional, os gerentes de reestruturação organizacional severos e que reduzem custos normalmente não são capazes de oferecer liderança quando há a necessidade de construir.

Nossa segunda observação é de que a liderança é *não hierárquica*. Chegar no topo de uma organização não o transforma em líder. A hierarquia sozinha não é uma condição suficiente, nem necessária para o exercício da liderança.

Goffee: Você poderia argumentar que as qualidades que o fazem chegar ao topo de organizações de larga escala e em geral muito políticas não são obviamente aquelas associadas à liderança. As pessoas que chegam ao topo o fazem por várias razões – incluindo perspicácia política, ambição pessoal, tempo de serviço e, até mesmo, nepotismo – em vez de qualidade real de liderança.

Então, a liderança não é um atributo exclusivo de alguns poucos escolhidos.

Goffee: Não. As grandes organizações têm líderes em todos os níveis. As organizações bem-sucedidas – sejam hospitais, instituições de caridade ou empreendimentos comerciais – buscam desenvolver amplamente as capacidades de liderança e dar às pessoas a oportunidade de exercê-las.

Jones: O terceiro pilar de nossa visão da liderança é que ela é *relacional*. Em termos simples, você não pode ser um líder sem seguidores. A liderança é uma relação construída ativamente por ambas as partes. Essa rede de relações é frágil e requer constante recriação.

Isso não significa que tudo deve ser sempre harmonioso. Não é. Pode haver um diferencial em uma relação, mas isso é porque os líderes eficazes sabem como estimular seus seguidores para que tenham desempenhos excelentes.

Quais são as implicações, em um nível bastante prático, para aqueles que aspiram à liderança? O que eles precisam saber e fazer?

Jones: A resposta é simples; na verdade, aparentemente simples: para se tornar um líder mais eficaz, você *deve ser você mesmo, e mais, com habilidade*.

Em primeiro lugar, para ser líder você deve *ser você mesmo*. Veja o Sir Richard Branson, o chefe da Virgin, e a forma como ele usa sua aparência física – trajes casuais, cabelos longos e barba – para transmitir a informalidade e a não conformidade que se tornaram parte central de sua liderança e, de fato, da marca Virgin. Os seguidores desejam ser liderados por uma pessoa, e não um titular de função, um ocupador de cargo ou um burocrata.

Os líderes que estudamos eram muito adeptos da implantação de suas diferenças de modo a atrair seguidores. As diferenças de Richard Branson *significam* uma mensagem; elas são *autênticas*, não fabricadas artificialmente; e elas são *vistas* pelos outros. Estamos falando aqui não de *qualquer* diferença pessoal, mas de uma exibição ardilosa e autêntica, normalmente ajustada ao longo de muitos anos, das diferenças genuínas que têm o potencial de estimular os outros.

Goffee: A ligação entre autoconhecimento e autodivulgação é o ponto inicial – e cada vez mais moderno – para compreender a liderança eficaz. Mas isso não é tudo. Os líderes devem ser eles mesmos *no contexto*. Os grandes líderes são capazes de ler o contexto e dar uma resposta adequada. Eles aproveitam o que já existe e agregam *mais*. No jargão da gestão, eles agregam valor. Isso envolve uma mistura sutil de autenticidade e adaptação, de individualidade e conformidade. O que se sucede com os líderes eficazes é que eles não reagem simplesmente ao contexto. Eles também o moldam ao se adequar o *suficiente*. Este é o elemento da *habilidade*. Envolve saber quando e onde se adequar. Sem isso, é improvável que os líderes sobrevivam ou façam as conexões que precisam, a fim de construir relações bem-sucedidas com os outros. Para ser eficaz, o líder precisa garantir que seus comportamentos se entrosem suficientemente com a cultura da organização para criar tração. Os líderes que não se entrosam vão girar suas rodas afastados de seus seguidores.

Você pode explicar o que quis dizer com se adequar o suficiente?

Goffee: Os líderes que têm êxito em mudar as organizações desafiam as normas – mas raramente todos eles, todos de uma vez. Eles não buscam confronto instantâneo cara a cara sem compreender o contexto organizacional. De fato, a sobrevivência (em especial nos primeiros dias) requer uma adaptação mensurada ao conjunto estabelecido e contínuo de relações e redes sociais. Para alterar as coisas, o líder deve primeiro ganhar, pelo menos, aceitação mínima como membro – e as regras para a sobrevivência inicial raramente são as mesmas para o sucesso no longo prazo.

Jones: Se olhar no mundo corporativo, há inúmeros exemplos de CEOs que desprezaram os contextos organizacionais. Algumas vezes, eles obtiveram ganhos no curto prazo. Mas, no longo prazo, a mudança sustentável requer que o líder compreenda e esteja sintonizado com o contexto organizacional. Após fazer isso, o líder consegue provocar mudanças com credibilidade e com grande chance de ser bem-sucedido. Ignore isso, e os resultados podem ser desastrosos. Pense em Al Dunlap ou nos inúmeros defensores desumanos do *downsizing* e extirpadores de bens que notadamente fracassam em oferecer uma mudança de longo prazo.

Goffee: A pergunta é: quem consegue ler bem as organizações, e como desenvolver essa habilidade? Alguns líderes são capazes de ler as situações de forma intuitiva, muito provavelmente como resultado de muitos anos de experiência em diferentes contextos. Eles desenvolvem um tipo de sabedoria que os torna menos dependentes dos modelos conceituais para obter entendimento ou guiar suas intervenções. Mas há princípios universais que subjazem as relações organizacionais e que podem estruturar as possibilidades de mudança? Acreditamos que sim. Nosso trabalho de consultoria sugere que muitas pessoas encontram modelos que refinam suas habilidades de leitura de contextos.

Desenvolvemos uma forma de compreender o contexto organizacional baseada na visão das organizações como comunidades. No nosso modelo, fortemente calcado na sociologia clássica, há duas relações culturais principais: sociabilidade e solidariedade. A sociabilidade se refere principalmente às relações afetivas entre os indivíduos que provavelmente vão se ver como amigos. Eles tendem a compartilhar ideias e valores e a se associar em termos iguais. Em seu cerne, a sociabilidade representa uma relação que é valorizada para seu próprio bem. Normalmente ela é iniciada pelo contato face a face, embora possa ser mantida por meio de outras formas de comunicação, e é caracterizada por altos níveis de ajuda mútua. Não há condições reais associadas.

A solidariedade, em contrapartida, descreve a cooperação focada na tarefa entre indivíduos e grupos. Ela não depende de uma amizade próxima nem mesmo de conhecimento pessoal, nem precisa ser contínua. Ela surge somente a partir de uma percepção de interesse compartilhado – e, quando isso ocorre, a solidariedade pode produzir um foco intenso.

Embora essa discussão pareça um pouco abstrata, as relações de sociabilidade e solidariedade estão, na verdade, ao nosso redor: em nossas famílias, nas equipes esportivas, nos clubes sociais e nas comunidades. Provavelmente essa ubiquidade foi o que primeiro chamou a atenção dos primeiros sociólogos. De fato, todos nós temos interesse nessas relações – e somos afetados por elas. Peça a alguém que descreva sua família ideal, por exemplo. Normalmente, essa pessoa lhe dirá que é aquela em que os membros se gostam e se amam (esse é o elemento de sociabilidade) e que se unem em momentos de dificuldade (isso é solidariedade).

Aqui, há muitas tensões e paradoxos em ação. O líder precisa ser incrivelmente sensível.

Jones: Sim, há muitas tensões. Os líderes devem revelar suas forças, mas também mostrar fraquezas; ser indivíduos, mas se adequar o suficiente; estabelecer intimidade, mas manter certa distância. Gerenciar essas tensões está no cerne da liderança bem-sucedida.

Isso é bastante complicado. Não seria mais fácil imitar Jack Welch?

Goffee: O problema é que mesmo se isso fosse possível, o que funciona para Jack Welch não funcionará para você.

Nossa experiência sugere que a excelência em uma ou duas dessas áreas sobre as quais conversamos é insuficiente para a verdadeira liderança inspiracional. É a interação entre essas áreas, orientada pela percepção da situação, que permite a grandes líderes encontrar o estilo certo para o momento certo. Em outras palavras, cada líder é único.

Jones: E a liderança é excepcionalmente difícil. É inútil fingirmos que a liderança seja simples. Qualquer um que já ocupou um cargo de liderança dirá a você que é complicado, e repleto de riscos pessoais.

Visivelmente, nem todo mundo pode ser um líder, e há muitos indivíduos talentosos que simplesmente não estão interessados em assumir a responsabilidade de liderança. É simplista supor que todos têm a energia pura, o ímpeto e a força de vontade necessários para oferecer aos outros uma liderança inspiradora. Argumentamos que cada indivíduo possui diferenças exclusivas que podem ser exploradas em uma função de liderança. Então, cada um de nós tem que lidar com uma questão direta: eu quero isso? E se sim, eu quero tanto a ponto de fazer todo o trabalho e todos os sacrifícios necessários?

Goffee: E então se você aceita uma cargo de liderança, deve se perguntar: *por que alguém deveria ser liderado por mim?* Por que *nós* deveríamos ser liderados por você? Os líderes eficazes devem responder a essas perguntas todos os dias em tudo o que dizem e fazem. Caso contrário, a falta de líderes permanecerá, pois sua prática de liderança fatalmente conterá erros.

A mente do líder

A autenticidade é um conceito encorajador. Certamente todos podemos ser nós mesmos. Mas chegar ao cerne disso é surpreendentemente difícil. A sinceridade e a insinceridade, a verdade e a falsidade, o real e o artificial são questões de julgamento – e gosto. Liz Mellon, da Duke Corporate Education e autora de *Inside the Leader's Mind: Five Ways to Think Like a Leader*, fornece uma perspectiva diferente sobre a autenticidade na liderança.

Por que ter como foco a mente do líder?

Estava no negócio há muito e havia passado muito tempo em sala de aula ou em sessões de *coaching* com líderes, e tinha uma pergunta que sempre ressurgia. Era de fato sobre a autenticidade.

Como sigo a visão de líder excelente da minha empresa ou organização – sua lista de atributos ou competências de liderança? Como sigo isso e permaneço sendo um líder autêntico? Como continuo, em essência, sendo eu, bem como o líder corporativo que eles desejam que eu me torne?

O que isso disse a você?

Isso me disse que não estamos entendendo alguma coisa. Em nossos esforços para observar e avaliar como os nossos líderes se comportam, não estamos entendendo algo muito importante. Trata-se de entender como os líderes pensam. Em termos de comportamento, há uma ampla gama de maneiras de como os líderes podem se comportar que, quando você tenta capturá-las em uma lista, torna-se difícil. É por isso que os líderes se esforçam. Eles olham para essa lista imensa e imaginam onde estão nela.

Mas como pensamos, como vemos uma situação, como conceituamos nosso trabalho, como acreditamos que o mundo funciona – é isso o que orienta nosso comportamento. Assim, onde os líderes estão baseia-se em como eles pensam sobre si mesmos e sobre seu trabalho.

Você descreve cinco formas de pensar como um líder.

Sim, mas a primeira coisa a dizer é que elas não têm uma ordem. Não é: "Certo, primeiro, farei isso, depois, farei aquilo". Parece mais com passos de dança. Você conhece os passos, mas a música e o ritmo dependerão de você, o indivíduo. Então, como você chega lá, varia.

Uma das cinco formas de pensar se chama "sem rede de segurança". O que isso significa?

Isso significa que alguém deve dar um passo à frente porque ele ou ela é o líder. Todos esperam que o líder seja o primeiro a dar o passo – em direção ao precipício, ao abismo, sem qualquer proteção abaixo dele. O líder é aquele na corda bamba. Não há rede de segurança; e ele tem que dar um passo à frente. Ele tem que ser muito corajoso.

Quando falo com as pessoas que entrevisto e pergunto o que significa "sem rede de segurança", elas descrevem isso como uma maneira de pensar: "Significa que tenho que ser o primeiro a me aventurar. Estou dando o primeiro passo. Assumindo o risco. Sou aquele que faz isso".

No entanto, quando peço exemplos de como elas fazem isso, recebo um bom número de respostas sobre comportamentos.

Quais são as outras maneiras de pensar?

Outra que está bem no nível pessoal é a "confortável no desconforto". Há muita ambiguidade e complexidade no mundo lá fora. Imagine que você está dirigindo uma empresa que abrange vários países, tem centenas de funcionários e enfrenta todas as complexidades inerentes a isso: mercados, política e culturas nacionais.

De alguma forma você tem que conviver com isso, encontrar um modo de superar e ainda ter coragem de tomar as decisões que precisam ser tomadas, enquanto se sente confortável com o nível de complexidade que chega a você.

Isso se manifesta de diferentes maneiras. Às vezes, o líder tem toneladas de dados para apoiar sua tomada de decisão: ir para a China ou vender a unidade no Sri Lanka, ou qual for a decisão a ser tomada, mas ele espera porque sabe que o momento não é o certo.

Ou talvez não haja quaisquer dados, e o líder toma a decisão de seguir uma determinada direção.

Para os líderes que estão lidando com esse tipo de complexidade, deve ser difícil não transmitir para os funcionários a pressão que têm de suportar.

Com certeza. Os líderes têm que conviver com essa incerteza e com um sorriso no rosto, de maneira que não deixem todos os outros ao seu redor preocupados com o nível de ambiguidade com o qual eles realmente estão lidando, dia após dia.

Isso me leva a uma forma de pensar que chamo de "eu sou a empresa": pensar com muito cuidado sobre a mensagem que você está passando para os outros. Uma boa ilustração disso é Tom Albanese, ex--CEO da Rio Tinto. Alguns anos atrás, entre outras coisas, ele enfrentou uma aquisição hostil, adquiriu uma empresa quase do mesmo tamanho da Rio Tinto e entrou no mercado chinês. Enfrentou muita complexidade e ambiguidade, e tinha que estar sempre atento.

Ele me contou uma anedota muito interessante. Ao sair de uma das mais complicadas reuniões durante esse período, ele olhou para sua assistente e percebeu que ela parecia um pouco preocupada. Então, disse a ela: "sei que eu deveria estar sorrindo, mas você também deveria; caso contrário, eles pensarão que eu disse algo preocupante a você".

Em um nível empresarial e ao dirigir a organização, há essa forma de pensar na qual o líder está sempre ciente da mensagem que ele ou sua equipe está passando.

E a forma de pensar que você chamou de "na minha vigília"?

Isso ocorre no nível da organização. É uma forma realmente interessante de pensar. A imagem que tenho em mente aqui é você cruzando o Oceano Atlântico em um iate, seguindo os ventos alísios, e sendo aquele que deve ficar acordado a noite toda. Todos os outros estão dormindo.

"Na minha vigília" significa que, por um período de tempo, você tem aquele senso incrivelmente reforçado de responsabilidade. Você sabe que alguém já ficou na vigília antes de você, que agora é a sua vez, e que depois vai passar a responsabilidade para outra pessoa. Assim, você tem que lidar com três tempos: o passado, o presente e o futuro.

O problema em dirigir uma empresa é que o hoje é tão ocupado, tão agitado e tão preocupante que há o risco de você passar todo o seu tempo pensando somente no hoje. Isso não o ajudará a criar um amanhã diferente.

Dennis Nally, o presidente global da PricewaterhouseCoopers (PwC), contou-me uma história interessante. Ele disse que, quando era mais jovem, só se preocupava com seus resultados no presente, porque era o momento em que estava construindo sua reputação. Quando foi promovido a CEO da PwC nos Estados Unidos, e então a presidente global, ele percebeu que o seu trabalho era se preocupar com as coisas que está fazendo hoje que talvez não estejam criando qualquer valor no momento, mas que lançam as bases para que outra pessoa fique famosa no futuro. Essa humildade foi realmente muito interessante.

Os líderes não apenas devem parar de fazer o que estão fazendo hoje a fim de olhar para o futuro, como também devem compreender e respeitar o passado e saber quais partes manter e honrar e quais partes descartar e em que momento.

Com certeza. Acredito que uma das razões pelas quais os líderes são muito fracos em liderar a mudança é que eles chegam com um plano de 100 dias, desenham uma linha na areia e, com frequência, essa linha representa: "Vamos esquecer o passado; isso foi naquela época, isto é agora; vamos em frente".

Mas você está lidando com milhares, talvez centenas de milhares, de pessoas que investiram anos de suas vidas na criação de onde você está hoje. Quando o líder lhes mostra sua visão do admirável mundo novo, elas provavelmente dirão: "Ei, espera aí. Não sei se quero fazer parte disso. Não sei se você me vê como parte disso".

Então, respeitar o passado é muito importante; você precisa integrar aquela história a um futuro. Ainda assim, lembre-se: se o passado vai impedi-lo de avançar para o futuro, deixe-o para trás gradualmente – faça isso com todo o respeito.

E isso nos leva à autenticidade?

Sim. A autenticidade está contida nisso. Chamo-a de "núcleo sólido" e, como muitos outros estilos de pensamento, ela é multifacetada. Este é um mundo tumultuado, cheio de informações, tecnologia e mudanças. Olhe ao redor do mundo; há eventos como o tsunami no Japão e grandes empresas falindo que você nunca imaginaria. Neste turbilhão de comunicação, de alguma forma você tem que olhar para dentro de você e dizer: "Este 'núcleo sólido' é minha bússola e me fornecerá a direção para onde devo ir".

Trata-se de ser autêntico. É aí que acredito repousar o cerne da autenticidade. É ter esse núcleo de certeza interior. Não sei de onde vem e, na verdade, nem os CEOs. Alguns deles dizem: "Estou nesse setor há 25, 30 anos, então é toda essa experiência". Dennis Nally afirmou: "Na verdade, sou assim desde os 15. Sempre tive esse norte interior".

Sim Tshabalala, o CEO substituto do Standard Bank Group, disse que, para ele, tratava-se de seus valores, e um de seus valores envolvia usar a plataforma dos negócios para construir uma sociedade; neste caso, primeiro a África do Sul e depois a África de maneira mais abrangente.

É um conceito complexo, mas todos o têm. Todos têm esse núcleo de autenticidade que envolve a forma como eles encaram a vida e o trabalho.

Após formular esse conjunto de formas de pensar, você as reuniu e as discutiu com vários líderes e eles pareceram se identificar com elas?

Sim. Observamos os líderes em ação e obtivemos esses princípios, e agora estamos aplicando-os. Então, está de fato fundamentado na prática, no que os líderes realmente fazem.

Essas cinco formas de pensar realmente foram identificadas. Mal posso passar por elas sem que as pessoas digam: "Ah, sim", e nos contem uma história que se relacione a uma delas.

Então há líderes que pensam assim. Não sabemos como, nem por que, ou quando começaram a pensar assim. Mas e o resto de nós que deseja ser líder? Podemos aprender essas formas de pensar?

É aí que voltamos à autenticidade. Alguns líderes diriam que sempre pensaram assim. Mas outros disseram que aprenderam. O confortável no desconforto é um bom exemplo. Jacko Maree, ex-CEO do grupo Standard Bank, disse-me que estava confortável no desconforto, mas que não se sentia assim há 20 anos. Ele aprendeu isso; veio com a maturidade.

A boa notícia é que é possível aprender essas formas de pensar. Para aspirantes a líder em qualquer lugar, elas podem ser adotadas e aprendidas.

CAPÍTULO 5

O carisma e o lado sombrio

Carisma é uma palavra grega que significa "dom". No Novo Testamento, *carismas* eram dons concedidos pelo Espírito Santo. Esses dons carismáticos incluíam sabedoria, conhecimento, fé ou a capacidade de fazer milagres ou falar em línguas, mas também incluíam os dons destinados à organização e construção da igreja.

O sociólogo, filósofo e economista político alemão Max Weber adotou o conceito de carisma como uma fonte de autoridade e legitimidade. Ele o usou para descrever uma situação em que a autoridade deriva não de regras ou cargos, mas sim de uma "devoção à santidade específica e excepcional, ao heroísmo ou ao caráter exemplar de uma pessoa individual e dos padrões normativos ou da ordem revelados ou por este".[1]

Na visão de Weber, o carisma estava associado a momentos de crise. As pessoas com problemas recorrem a líderes carismáticos, com o seu característico senso de missão e destino, seu zelo e propósito, para liderá-los à segurança.

A natureza e as características do carisma foram investigadas por sociólogos e cientistas políticos durante muitos anos. Entre as características diversas vezes associadas a líderes carismáticos estão uma visão abrangente e ideologia, atos heroicos e a capacidade de inspirar. Alguns pesquisadores consideravam que a liderança carismática era um conceito relacional e dependente da perspectiva dos seguidores.

No entanto, como o carisma era associado a líderes militares e políticos, como Napoleão, Churchill e Gandhi, ele não teve destaque nos estudos de teóricos organizacionais e de gestão até os anos 1980.

"O carisma nem sempre foi tão importante no mundo dos negócios como é hoje" – observa o professor Rakesh Khurana da Harvard Business School. "Durante três décadas após a Segunda Guerra Mundial, [...] o típico CEO era um homem da organização que trilhava seu caminho até ser promovido."[2]

De acordo com Khurana, isso começou a mudar em 1979, com a nomeação de Lee Iacocca como CEO da Chrysler. "Iacocca foi inspirador de uma maneira que os líderes de negócios anteriores nunca haviam sido. A recuperação bem-sucedida da Chrysler fez dele um herói nacional nos Estados Unidos e inaugurou a era do CEO carismático."

O teórico da liderança Jay Conger foi um dos primeiros a propor um esquema para estudar o carisma no contexto organizacional. Ao fazer isso, ele começou a "extirpar a aura de misticismo" do carisma. Em vez de considerar o carisma como uma espécie de superpoder mágico, ele o visualizava como um processo comportamental. Ao tratar o carisma como algo atribuído a uma pessoa pelos outros, torna-se possível dissecar aqueles comportamentos que merecem tal atribuição. Conger sugeriu que há uma série de componentes comportamentais de liderança carismática, embora ele também tenha ressaltado que todos os componentes estão inter-relacionados e formam uma "constelação de componentes".

Os componentes operam dentro de um processo de três fases de influência carismática. Inicialmente, o líder executivo tem de avaliar a situação existente e decidir quais são os recursos necessários e quais são os obstáculos para o progresso. Ele ou ela também devem observar os membros da organização e avaliar suas necessidades e seu nível de satisfação. Durante essa fase, os líderes carismáticos precisam ser *altamente sensíveis ao seu ambiente*, tanto o físico quanto o social. Isso lhes permite realizar uma avaliação precisa das restrições ambientais e dos recursos necessários para alcançar os seus objetivos, bem como o estado de espírito dos membros da organização. Uma avaliação precisa é essencial, visto que os líderes carismáticos, muitas vezes, adotam linhas de ação radicais e arriscadas, e precisam ter certeza de que os outros o seguirão.

Outro componente comportamental nesta fase é a capacidade de reconhecer as falhas e as deficiências no sistema atual. Os líderes carismáticos *"procuram ativamente falhas existentes ou potenciais no* status quo*"*. Como eles abordam e são intolerantes a essas deficiências, eles são vistos como reformadores organizacionais, agentes de mudança.

A segunda fase da influência carismática é a formulação e a condução dos objetivos estabelecidos pelo líder. Os líderes carismáticos são diferentes dos outros líderes, tanto no tipo de objetivos que eles estabelecem quanto na forma como comunicam tais objetivos aos outros.

Conger sugeriu que o líder carismático tem *visão de futuro*, a qual, normalmente, é estratégica por natureza, idealizada e bem diferente do *status quo*, assim como representa uma materialização da perspectiva compartilhada pelos membros da organização.

A fim de transmitir essa visão, o líder carismático precisa ser um comunicador confiável, e aqui *ser amável* é importante. Esses líderes devem ter a capacidade de ser, ou de parecer, "uma pessoa afável, confiável e culta", disse Conger.

Por fim, para formular os objetivos e difundi-los, a *articulação* é um componente fundamental. O líder carismático deve articular tanto a situação atual quanto a futura, ou sua motivação para liderar. Conforme fazem isso, os líderes carismáticos têm o cuidado de enfatizar os elementos positivos da sua visão de futuro e os elementos negativos do *status quo*.

Os líderes carismáticos comunicam-se por meios verbais e não verbais. Assim, roupas, gestos, ações, uso da linguagem, retórica e muita energia, todos fazem parte das mensagens do líder carismático.

Na última etapa da influência carismática, o líder mostra como a organização pode alcançar os objetivos que ele ou ela tenha articulado e que são compartilhados por todos os membros da organização. Para tal, esse líder precisa demonstrar *confiabilidade*. Os líderes carismáticos obtêm a confiança de seus seguidores ao traduzir sua insatisfação com o *status quo* e as metas que implantarão sua visão em um *comportamento* que parece ter um alto risco de perda pessoal, ou perda de posição ou *status*. Esses líderes demonstram sua dedicação altruísta à causa ao focar seus objetivos de maneira implacável, e ao se envolver em ações que representam grandes riscos para si mesmos. Quanto maior for o risco, maior serão a confiança e o efeito carismático.

Tudo o que resta são os líderes carismáticos mostrarem que têm conhecimento relevante e competência técnica, do passado e do presente, nas áreas que desejam influenciar. Eles fazem isso ao apontar as deficiências tecnológicas e outras falhas do *status quo*, bem como ao desenvolver estratégias e táticas não convencionais para alcançar seus objetivos.

Redentores e CEOs

Uma pesquisa feita por Rakesh Khurana da Harvard Business School observou que o impacto que os CEOs realmente exercem sobre as empresas é menor do que se costuma acreditar. Khurana estimou que algo entre 30 e 40% do desempenho de uma empresa são atribuídos aos efeitos do setor, entre 10 e 20%, às mudanças cíclicas na economia, e talvez apenas 10%, ao CEO.[3] Khurana passou a desafiar a obsessão do mundo dos negócios com grandes CEOs em *Searching for a Corporate Savior: The Irrational Quest for Charismatic CEOs*.[4]

Na conversa com Khurana, começamos perguntando o que sua pesquisa sugeria a respeito da importância dos líderes.

Você está insinuando que os líderes simplesmente não fazem diferença?

Minha intenção foi dizer que, quando se trata de desempenho econômico, os líderes não têm a importância que atribuímos a eles, o que não significa desconsiderar a liderança completamente.

Ao contrário disso, hoje pouco da pesquisa clássica em liderança tem como foco analisar o desempenho das empresas. Nossos antecessores tinham uma compreensão mais sofisticada da relação entre organizações e desempenho. Nos últimos 20 anos, fizemos conexões simplistas entre a liderança individual e os resultados do desempenho.

A teoria da liderança clássica também é mais sofisticada em relação ao que os líderes fazem nas organizações. Ela não embasa o tipo de noção egoísta que emergiu nesses últimos 20 anos, mas tem a visão de que os líderes das organizações realmente desempenham um papel ao criar um significado para os seus participantes. Isso inclui organizações com fins lucrativos.

Então você está dizendo que o papel do líder não é superficial e relacionado à imagem, mas algo bem mais profundo?

A liderança envolve mais do que o tipo de liderança pseudocarismática na qual o departamento de relações públicas, a mídia e o CEO participam ativamente para criar uma imagem de carisma.

Na verdade, os líderes criam as condições para que as pessoas extraiam o significado de suas instituições. Eles fazem isso de uma forma que o impacto não é visto diretamente no ROI (retorno sobre investimento), por exemplo, mas é oriundo de uma variedade de outras atividades e ações.

Assim, por exemplo, muitas vezes temos como foco a capacidade de um líder em defender os valores da organização por meio de seus próprios comportamentos e ações. O líder toma decisões arquitetônicas que permitem que as pessoas encontrem significado em seu trabalho – ao garantir que o trabalho tenha variedade e autonomia, e forneça *feedback,* por exemplo. O líder cria significado ao prestar atenção quando contrata e mantém pessoas que se comportam de uma maneira que seja consistente com os valores e propósitos explícitos da organização. Esses tipos de ações são muito importantes e não aparecem nos relatórios do próximo trimestre.

O modelo de liderança dos últimos 20 anos parece ter muitas falhas.

É necessário um novo tipo de liderança para a idade moderna?

Acho que realmente precisamos de um novo modelo de liderança, a qual chamaria de *liderança institucional*.

A liderança institucional é fundamental na sociedade contemporânea. Temos que entender que muitos indivíduos na sociedade têm talentos latentes. As pessoas não têm conhecimento de seu verdadeiro potencial. Os líderes precisam ser capazes de explorar esse potencial.

Os líderes devem entender que muitas das instituições que lideram foram criadas para resolver um determinado conjunto de problemas e questões da sociedade. Os líderes podem ser muito talentosos quando se trata de compreender e resolver esses problemas pessoalmente. No entanto, eles também devem criar e institucionalizar um processo por meio do qual a liderança seja distribuída em toda a organização, de modo que ela possa continuar em sua ausência. É esse tipo de liderança que temos de encontrar novamente.

Dessa forma, quando me refiro à liderança institucional, proponho a mudança e a transformação de uma organização para além da sua função útil – inspirando-a com um senso de propósito e com valores que sejam consistentes com os valores maiores da sociedade.

Qual é o papel que esses futuros líderes devem desempenhar?

A tarefa do líder no futuro envolve uma variedade de fatores. Mas os líderes institucionais, em específico, devem encontrar capacidades, definir metas, reafirmar valores sagrados e motivar os indivíduos a alcançar esses grandes valores.

Em contrapartida, muitos estudantes de administração veem o painel de desempenho do preço das ações como indicação de que alguém é um bom líder ou não. Essa é uma maneira muito limitada, quase cínica, de entender a importância da liderança para os negócios. Acredito que os negócios sejam uma forma honrada de vida quando as pessoas estão dispostas a questionar seus pressupostos mais valiosos.

Por fim, as empresas e os líderes empresariais têm de ser julgados não apenas pelo ganho no preço das ações, mas por qualidades, como honra, autodomínio e o tipo de valores frequentemente associados à liderança institucional, em oposição à liderança individualista.

Então, como devemos avaliar o desempenho dos líderes institucionais?

Ao fazer perguntas como: durante a liderança de uma pessoa, ele ou ela aumentou ou diminuiu a confiança dos integrantes naquela instituição? Durante a liderança dessa pessoa, ele ou ela serviu como um símbolo para os outros, em termos de representação dos tipos de valores que queremos que nossas instituições articulem e representem? Ele ou ela renovou o sistema de modo que essa instituição ficasse mais bem alinhada aos seus desafios?

O que os líderes eficazes realmente fazem?
Eles lideram ao compartilhar o poder, ao disseminar iniciativa e responsabilidade. Eles resolvem as tensões e os conflitos que paralisam as organizações e as impedem de realizar objetivos maiores. Eles criam e identificam os recursos que permitem que os esforços do grupo sejam realizados. É muito difícil de descrever. A liderança é um processo social complexo. Inevitavelmente, qualquer tipo de discussão como esta a faz parecer mais organizada do que realmente é.

Os líderes tomam decisões; eles agem sobre elas; percebem que essas decisões são certas ou erradas. Em alguns casos, eles as revisam; em outros, eles as invertem. Mal-entendidos são frequentes.

E os seguidores? Onde eles se encaixam na equação da liderança?

É importante compreender a complexa interação entre os líderes e aqueles que são liderados. Sempre acredito que bons seguidores criam bons líderes. E, de certa forma, quem escolhemos como líder nos diz muito sobre a nossa sociedade.

Devemos falar sobre os fracassos do adesionismo. Embora tenhamos focado nas falhas da liderança nos últimos anos, ainda é necessária uma discussão sobre as falhas do adesionismo.

Estou de acordo com Hegel, que disse, e estou parafraseando aqui, que a tragédia não é o resultado de o mal ter triunfado sobre o bem, mas o resultado de dois bens parciais tentando impor suas vontades um ao outro.

Parece que ainda há uma tensão entre a liderança para ganhos no curto prazo e a liderança com uma estratégia de longo prazo.

A razão pela qual parece uma tensão deve-se ao fato de muitas vezes não existir uma articulação clara para onde os líderes estão tentando levar suas organizações. Se você tem um propósito e um conjunto de objetivos claros, todos podem compreendê-los, e eles podem ser articulados para os seus diversos integrantes. Assim, um líder pode explicar os tipos de decisões que ele ou ela está tomando dentro das organizações para alcançar tais objetivos e propósito. E as pessoas tendem a ser muito pacientes.

Mas se você realmente forçasse e pressionasse certos líderes empresariais sobre qual é a estratégia de sua organização, qual o seu propósito e o que eles estão tentando realizar, eles teriam dificuldade em ir além do lugar comum que são o valor para o acionista e a satisfação do cliente. Esses tipos de lugar comum não oferecem uma direção clara, por isso é difícil articular a lógica por trás deles. Você precisa ter uma articulação muito definida e isso requer um bom conhecimento do ambiente e saber o que você está tentando alcançar. Você deve ser capaz de articular isso para seus membros, como acionistas ou fornecedores de recursos, e é essa clareza que ajuda.

Quais são os grandes desafios futuros em matéria de liderança?

Tentar descobrir como preservar alguns dos benefícios da agilidade e da individualidade que temos visto ao longo dos últimos anos e, ao mesmo tempo, transformar a nossa liderança e as nossas instituições para torná-las mais responsáveis para com a sociedade em geral.

Lembrar que as finalidades a que os líderes servem estão relacionadas a garantir uma sociedade saudável e dinâmica; a criar um contexto que tira proveito das iniciativas individuais das pessoas; e a liderar um mundo cada vez mais divergente, com pontos de vista diversos, em direção a um objetivo comum compartilhado.

Esses são desafios muito complicados. Mas é assim que tudo deve funcionar. Estamos tentando descobrir como preservar o bom enquanto nos livramos dos perigos e dos excessos.

Um passeio pelo lado sombrio

Os líderes carismáticos, com sua capacidade de fazer as pessoas caminharem consigo em direção a um objetivo comum, conseguem grandes feitos nas organizações. Mas o poder que eles obtêm do carisma também pode ser mal utilizado. No caminho errado, os líderes carismáticos podem ser altamente destrutivos.

Inúmeras contravenções corporativas no fim dos anos 1990 e no início da década de 2000 levantaram novas questões sobre liderança e carisma. Bernie Ebbers, da WorldCom, e Dennis Kozlowski, da Tyco, eram líderes carismáticos que levaram suas organizações à derrocada. O colapso da Enron também foi impulsionado por um coquetel inebriante de carisma e ganância. Até o final, o ex-CEO, Jeffrey Skilling, e o CFO, Andrew Fastow, continuaram encantando os investidores e analistas em reuniões que alguém de dentro comparou a reuniões de renascimento.

Conger estava um pouco acima da curva quando chamou a atenção para o "lado sombrio da liderança" em seu livro *Charismatic Leadership in Organizations*, em coautoria com Rabindra N. Kanungo.[5] Conger e Kanungo distinguiram entre as formas negativas e positivas da liderança carismática, com base na medida em que os objetivos e as atividades do líder são egoístas, em vez de altruístas.

Os líderes carismáticos que escolhem o lado sombrio são egoístas e controladores, desejam poder pessoal e realização, são fechados, usam o que têm à disposição para obter ou forçar anuência e são antiéticos. Muitas vezes um mau líder carismático vai escolher uma visão que se adapte às suas necessidades pessoais e subverter a energia e esforço e os recursos de seus seguidores para alcançar esses fins.

No livro *Bad Leadership: What It Is, How It Happens, Why It Matters*,[6] publicado em 2004, Barbara Kellerman observou que a liderança eficaz e a má liderança não são necessariamente incompatíveis. Você pode ser altamente eficaz e ainda ser um mau líder.

As pessoas vão seguir os maus líderes por muitas das mesmas razões que eles seguem os bons líderes. Os maus líderes, pelo menos durante certo tempo, fornecem ordem e estrutura, segurança, simplicidade e certeza. Eles articulam visões atraentes, organizam e realizam um trabalho coletivo.

Os maus líderes dividem-se, de modo geral, em duas categorias: líderes ineficazes e líderes antiéticos. Os líderes ineficazes deixam de fazer as coisas, e são caracterizados por "falta de qualidades, habilidades fracas, estratégias mal concebidas e táticas mal-empregadas". Os líderes ineficazes conseguem estabelecer objetivos admiráveis, mas não têm os meios para alcançá-los.

Adicione seguidores ineficazes a líderes ineficazes e você tem uma força potente para a futilidade. Os seguidores mais eficazes "pensam por si mesmos, autodirigem seu trabalho e mantêm a sua parte no trato." Eles trabalham continuamente para se tornar parte da empresa, aprimorando suas habilidades, enfocando suas contribuições e colaborando com os seus colegas". Os seguidores ineficazes não fazem isso; eles são fracos e dependentes e não se comprometem ou contribuem para o grupo.

Quanto aos líderes antiéticos, eles estão cientes do que é certo, mas optam por continuar em outra direção. A boa liderança em geral está associada à liderança ética. James McGregor Burns ofereceu três características dos líderes éticos: eles colocam as necessidades dos seguidores antes das suas, incorporam virtudes, como coragem e honestidade, e exercem a liderança no interesse do bem comum. Os maus líderes podem ser ineficazes, antiéticos ou ambos.

Os maus líderes, diz Kellerman, vêm em sete tipos. Os *líderes incompetentes* não têm a "vontade ou habilidade (ou ambas) para sustentar uma ação eficaz". Além disso, eles podem ser incompetentes de muitas maneiras. Podem ser arrogantes, não ter inteligência emocional, ser caóticos ou preguiçosos.

A flexibilidade é muitas vezes apontada como uma das principais características das organizações de sucesso. Os líderes se beneficiam também se forem adaptáveis e capazes de lidar com situações novas. O *líder rígido*, portanto, em geral é um mau líder. A liderança rígida ocorre quando o líder e alguns seguidores, se não todos, são inflexíveis e resistentes. Eles podem ser competentes, mas não são adaptáveis. Nós todos conhecemos exemplos de líderes que persistem em seguir a mesma linha de ação só porque ela levou ao sucesso antes, mesmo que as circunstâncias tenham mudado e que a resposta anteriormente bem-sucedida não seja mais eficaz.

Os bons líderes aprendem a controlar seus excessos. Um líder governado por seus impulsos é um mau líder. Os *líderes in-*

tempestivos não têm autocontrole, e isso piora ao ter seguidores que não têm vontade, ou são incapazes, de intervir.

Alguns líderes gostam de liderar, mas não se preocupam com as pessoas que eles lideram. Eles não têm interesse nas necessidades, nos desejos e nas esperanças de seus seguidores ou de outras pessoas com as quais têm contato.

A real preocupação dos líderes egoístas é promover seus próprios fins. Eles se concentram em alcançar seus próprios objetivos e se sentem um tanto felizes em pisar nas outras pessoas para conseguir o que querem. As necessidades do líder egoísta vêm em primeiro lugar; todo o resto vem depois. Kellerman denomina esse tipo de *líder insensível* – cruel e indiferente, ignorando ou esquecendo as necessidades, os desejos e as vontades dos outros membros do grupo ou da organização.

Alguns líderes são simplesmente *desonestos*. Nos últimos anos, uma série de escândalos corporativos expôs um número considerável de laranjas podres. Por que alguns líderes são corruptos? É uma antiga razão que tem motivado os maus líderes durante séculos. Normalmente, diz Kellerman, é porque eles são gananciosos – por poder, dinheiro ou algum outro recurso escasso.

Além disso, em um mundo cada vez mais movido por resultados, onde a recompensa está intimamente ligada ao desempenho, que, por sua vez, é medido em relação a critérios estabelecidos, a tentação de enganar está sempre presente. Suborno e corrupção não são fenômenos novos, com certeza. Por exemplo, os imperadores romanos foram grandes mestres de práticas questionáveis. Mas se os líderes corruptos mentem, enganam, roubam e colocam o interesse próprio à frente do interesse público, então é claro que eles não estão em conformidade com o componente ético exigido para uma boa liderança.

Enterrar a cabeça na areia ou convenientemente olhar para o outro lado não configura uma grande liderança. Se algo está fora do grupo, da organização ou da sua esfera de responsabilidade direta, os *líderes insulados* não estão interessados. Eles desconsideram a saúde e o bem-estar dos seus seguidores. É a liderança equivalente a um sacudir de ombros dizendo: "Nada tenho a ver com isso".

Por fim, há a *liderança do mal*. O que a define? Obter satisfação ao ferir os outros é uma definição de mal. Os líderes maus não apenas aterrorizam, mas procuram prolongar o sofrimento. Com a liderança do mal, o líder e, no mínimo, alguns seguidores cometem atrocidades. A dor é utilizada como instrumento de poder. O dano psicológico ou físico causado costuma ser grave, e não leve.

Enquanto alguns líderes são indiscutivelmente maus, muitos ficam em uma zona intermediária. Nem sempre é possível decidir se um líder é bom, ruim ou indiferente. Na verdade, o mesmo líder pode ser os três em momentos diferentes.

É importante considerar a natureza dos maus líderes? Kellerman acredita que, se soubermos o que constitui a má liderança e o adesionismo, podemos tentar evitá-los.

Os inteligentes falham

É claro que, estatisticamente, as lideranças ruins são uma pequena amostra da população de liderança – mesmo na política. Para outros líderes, no entanto, a melhor das intenções pode levar ao desastre. Syd Finkelstein da Tuck Business School do Dartmouth College é o autor de *Why Smart Executives Fail*, entre outros *best-sellers*[7]. Otimista e bem-apessoado, o fracasso parece um tema improvável para o foco de Finkelstein. Começamos nossa discussão com a pergunta que vale $64 milhões.

Então, por que os executivos inteligentes falham?
Quando você descobre o que está por trás disso tudo, vê que se trata de pessoas e de como elas tomam ou não decisões. Em grande parte, é sobre como elas se comportam. Quando você está dirigindo uma empresa, a margem de erro costuma ser muito menor do que é no cotidiano.

Comportamentos como não querer reconhecer que o mundo está mudando ao seu redor; procrastinar; enfiar a cabeça na areia, evitar o *feedback*, principalmente o *feedback* negativo, e cercar-se de pessoas que pensam que você é ótimo podem realmente fazer o feitiço virar contra o feiticeiro.

E quanto aos exemplos de grandes líderes sobre os quais lemos em artigos e livros?

As pessoas ficam um pouco cansadas de ver todos esses livros de CEOs sobre como foram ótimos, ignorando todas as coisas que não deram muito certo.

E então você tem os livros dos consultores que olham para talvez 10 experiências de diferentes clientes, todas dizendo a você para adotar uma determinada linha de ação. Mas o que eles esquecem são as centenas de outras empresas que devem ter falido fazendo exatamente a mesma coisa.

De certa forma, um exemplo moderno disso é Steve Jobs. Quando as pessoas me ouvem falar sobre algumas coisas relacionadas à humildade, à mente aberta e à capacidade de adaptação, uma em cada duas ou três vezes alguém vai dizer: "Sei o que você quer dizer, mas Steve Jobs não fez nada disso; eu li o livro". (Isso era especialmente verdadeiro quando Steve ainda estava vivo.)

E é isso mesmo. Ele não fez nada disso. Mas, se você quiser criar uma teoria de liderança baseada em Steve Jobs, você vai ter uma amostra de uma. E estou plenamente convencido de que 99 em cada 100 pessoas que adotam esse estilo de liderança e gestão vão fracassar. A razão pela qual estou convencido disso é sua semelhança com os CEOs fracassados que observei.

Portanto, é fácil cair na armadilha de olhar para uma exceção ou para algumas histórias de grande sucesso, porque elas recebem muita publicidade e as pessoas leem sobre isso. Mas você deixa escapar o ponto onde está a ação real.

Se você realmente está interessado em saber como as organizações funcionam, como as pessoas tomam decisões e como os líderes pensam, você precisa ter uma amostra muito mais diversificada. Essa é a importância de olhar não apenas para o que está certo, mas para o que está errado.

Os líderes deveriam aprender tanto com o ruim quanto com o bom?

Quando meu livro foi lançado, a revista *BusinessWeek* escreveu um artigo – não uma resenha do livro, mas um artigo – a meu respeito, sobre a forma como leciono e o assunto.

O que o autor achou tão intrigante era que eu estava ensinando o que estava errado em lugares como as escolas de administração, nas quais as pessoas passam todo o seu tempo considerando as melhores práticas, em vez de olhar para as piores. Na verdade, você precisa de uma combinação de ambas. Há inúmeras pesquisas que mostram que a diversidade, ou as perspectivas diversas, ou a variação na experiência, leva a uma melhor formação dos indivíduos em muitas áreas de atuação.

Você acha que os líderes estão aprendendo? Existe uma sensação de que eles estão mais embasados na realidade?

Isso varia de acordo com o setor. Em geral, embora haja muito mais consciência do que pode dar errado quando um líder adota a visão de mundo do CEO imperial, é difícil agir de acordo com essa consciência. Se fosse fácil, todo o mundo faria isso.

Para chegar ao topo de uma organização, você tem que ter esse ego gigantesco que o mantém e permite que você faça os sacrifícios necessários, por exemplo, em termos de vida pessoal e familiar.

Um certo tipo de personalidade pode fazer tal sacrifício e tem um grande ego. Ao mesmo tempo, há pessoas como eu e outros que estão dizendo: "Traga outras pessoas, ouça os pontos de vista de outras pessoas, não tire conclusões precipitadas, tenha a mente aberta, pense em como o mundo está mudando e esteja preparado para mudar o que você fez no passado". Cara, essa é uma mensagem forte. É difícil.

Os líderes em certos tipos de empresas fazem isso melhor?

Acho que as empresas empreendedoras tendem a aceitar melhor essa mensagem, quase por natureza.

Ultimamente, uma das grandes palavras em estratégia tem sido *pivotar*: girar de um ponto para outro. Em uma empresa empreendedora, isso significa apenas que você está mudando seu modelo de negócio de algo que não funcionou para algo que você espera que funcione. Não há muito a perder nessa fase, então, você faz isso.

Para uma grande empresa trocar o que ela tem feito e sua carteira de negócios por outra coisa... bom, não há muitos exemplos disso. O setor de telefonia celular é um exemplo interessante. Você vai da Motorola até onde a Nokia supera a Motorola. Então você passa da Nokia para a RIM (Research in Motion) e BlackBerry. Em seguida, você vai para o Iphone da Apple, e agora para a Samsung.

É uma história incrível neste setor, em que a enorme participação de mercado e o grande poder do nome da marca são superados por um próximo produto.

Portanto, há a exigência de que você seja adaptável, flexível e ajustável. Estar disposto a jogar fora o que você fez no passado não é fácil.

Existem respostas culturais diferentes quando você viaja pelo mundo falando sobre o livro Why Smart Executives Fail*?*

A tendência principal que vejo nos Estados Unidos e no Reino Unido é: "Olha, tudo bem, você está falando comigo e eu concordo, mas talvez você precise falar com o meu CEO, o presidente e o presidente executivo".

Em outras palavras, obtenho uma resposta do tipo "passo a bola adiante", a qual eu nunca aceito.

Claro, há um fundo de verdade nisso, mas se você é um gerente de nível médio ou superior, você não tem a capacidade de mudar o seu mundo, a sua equipe, o seu departamento, o seu escritório?

A resposta é sim, claro que sim. Se você realmente acha que faz sentido adotar os vários princípios e ideias que recomendo, então pode mudar o que está fazendo em sua própria área.

Se isso vai ajudá-lo a obter melhores resultados, que é toda a premissa, então você tem uma história muito interessante para contar – e todo mundo prefere ouvir boas histórias em vez de histórias ruins.

E assim, de forma lenta, mas firme, essa ideia começa a ser disseminada.

Portanto, há diferenças culturais?

Com certeza. Quando você chega à Ásia, sendo a China talvez a única exceção, há esse respeito com os líderes mais velhos. Há uma história de cultura paternalista, um pouco mais do que temos na sociedade ocidental. Além disso, em Hong Kong e Cingapura, existem os bilionários que estão em tantos negócios diferentes e têm sido muito bem-sucedidos.

Então, de certo modo, nesses ambientes tende a ser mais difícil passar a mensagem; por outro lado, quando observo todas as traduções internacionais do livro, há mais na Ásia do que em qualquer outro lugar, e não é só porque há mais países. Elas foram feitas antes, mais rápido e em maior número.

A autoconsciência parece ser um tema importante em seu livro Think Again (com a coautoria de Andrew Campbell e Jo Whitehead).

Think Again é de fato um livro sobre tomada de decisões e entra na microdimensão de como funciona o cérebro das pessoas, como processamos as informações e, especificamente, como tomamos decisões.

Falo sobre a autoconsciência. Ao trabalhar com consultoria com um CEO ou executivo sênior, você realmente se surpreende com o quanto a pessoa é autoconsciente; é algo que aparece em uma conversa com frequência. Para mim, é de fato uma das capacidades de liderança mais poderosas. É assim que eu a rotulo para fazê-la parecer mais prática para as pessoas, porque a autoconsciência é um tipo de ideia muito "melosa" quando você vai direto a ela. Mas eu a chamo de capacidade de liderança.

Quanto mais alguém souber como este ou aquele pensa e se comporta, bem como suas próprias tendências, menor será a probabilidade de a pessoa se tornar um escravo daquela parte do cérebro em que só fazemos o que o nosso instinto nos manda fazer. Isso pode causar muitos problemas para você, então, a autoconsciência é um grande diferencial. Pense novamente.

Supomos que a autoconsciência e a honestidade intelectual estão conectadas com a autenticidade.

Certamente são ideias que se sobrepõem. Para mim, a honestidade intelectual é um pouco mais direcionada para o exterior, porque você está olhando para o mundo lá fora, pensando nele, e tentando enfrentá-lo, e a autoconsciência tem seu foco muito mais no interior. Mas ambas estão relacionadas com a autenticidade.

CAPÍTULO 6

Adesionismo

"Liderança não é definida pelo exercício de poder, mas pela capacidade de aumentar o senso de poder daqueles que estão sendo liderados. O trabalho mais essencial do líder é desenvolver mais líderes", observou a pesquisadora precursora sobre gestão Mary Parker Follett (1868-1933).[1] Follett era diferente. A maioria dos pesquisadores de liderança focava inicialmente no líder – quais eram seus traços, comportamentos ou estilos, por exemplo. Alguns, entretanto, entusiasmaram-se em explorar um aspecto diferente da liderança: a relação entre o líder e seus liderados. Afinal, sem seguidores, não pode haver liderança. E, como concluíram os que escolheram examinar o papel dos seguidores, a dinâmica entre o líder e o seguidor aparece como algo importante para moldar a liderança, tanto para o bem como para o mal.

Uma das primeiras incursões no mundo dos seguidores foi a de Abraham Zaleznik (1924-2011), professor da Harvard Business School e renomado psicólogo social e especialista em liderança, autor do artigo publicado em 1965 na *Harvard Business Review* intitulado "The Dynamics of Subordinacy".[2] Ele examinou o sujeito a partir de uma perspectiva psicanalítica freudiana.

Para Zaleznik, os seguidores podiam ser tanto ativos quanto passivos, tanto submissos quanto controladores. Os ativos queriam se engajar, iniciar, envolver-se e ter um papel ativo na relação líder-liderado. Os seguidores passivos, entretanto, sentiam-se felizes em ter um papel secundário, deixar o líder tomar o controle e deixar as coisas acontecerem. Na outra ponta, os seguidores controladores desejavam, em uma batalha de vontades, ter controle sobre seu chefe. Já os submissos estavam felizes em se submeter à vontade do líder e ser mandado por ele.

Dadas essas dimensões, Zaleznik foi capaz de classificar os seguidores em quatro tipos. Os seguidores ativos e controladores foram classificados como *impulsivos*. Eram muitas as pessoas desse tipo para tomar conta. Elas são espontâneas, rebelam-se e tentarão dar sua própria direção e liderar, mesmo quando estão sendo lideradas. Ao mesmo tempo, elas podem ser corajosas e se arriscarem. Os seguidores controladores, porém passivos, são os que gostariam de tomar a liderança, mas se sentem culpados por isso e dão um passo atrás. Zaleznik classificou esses seguidores como *compulsivos*.

Os submissos ativos ficam felizes em se submeter à vontade do líder, mesmo que achem isso difícil. Esses são os seguidores *masoquistas,* de acordo com Zaleznik. Finalmente, havia o grupo dos *introvertidos*; eles fazem pouco e não se importam com o que acontece no ambiente de trabalho. Esses trabalhadores, conhecidos da maioria das pessoas que trabalha em organizações, fazem o mínimo que podem para se manter no emprego.

Gestão da chefia

Ter aptidão para ser líder é sempre muito útil, pois também ajuda a administrar sua relação com seus superiores. É esse o aspecto investigado pelos professores da Harvard Business School John Gabarro e John Kotter.[3]

Embora Gabarro e Kotter admitam que a expressão "administrar seu chefe" pode ser vista tendo conotações levemente suspeitas, na verdade a ideia de que os subordinados prestem atenção na qualidade de sua relação com seus superiores faz muito sentido, tanto para a empresa quanto para os indivíduos envolvidos. Afinal, nem todos os chefes são bons líderes. Algumas vezes, os seguidores precisam adequar a relação a fim de obter a melhor combinação líder-liderado possível. Da mesma forma, alguém que é um grande líder em termos de interação com seus seguidores não é necessariamente eficaz em trabalhar de maneira produtiva com seu próprio chefe.

Gerir mal a relação com os superiores custa caro. Como Gabarro e Kotter colocam, no pior cenário possível, falhar em lidar de maneira apropriada com os superiores pode destruir sua carreira e manchar sua reputação profissional.

Um erro comum é não compreender a natureza dessa relação. É uma mútua dependência, com cada um precisando do outro, de ambos os lados. É comum o subordinado não querer reconhecer sua dependência em relação à chefia. Isso é limitado, em especial, quando o empregado provavelmente está confiando no seu chefe para conectá-lo com outras partes da organização e garantir recursos para ele. A tendência do subordinado é esperar que o chefe saiba instintivamente o auxílio e o suporte de que ele necessita para realizar o seu trabalho.

Ao mesmo tempo, os subordinados com frequência falham em entender o quanto seus chefes dependem deles. Os líderes são pessoas com sentimentos (a grande maioria delas), e que são afetadas pelas ações de seus seguidores tanto no sentido profissional quanto pessoal. Quando os funcionários se saem mal, isso reflete no líder e poderá ter um impacto adverso na carreira dele. Os líderes contam com o fato de seus seguidores serem honestos, confiáveis, abertos e cooperativos.

Como resultado, afirmam Gabarro e Kotter, ambos nessa relação precisam "ter um bom entendimento da outra pessoa e de si mesmo, em especial no que diz respeito a forças, fraquezas, estilos de trabalho e necessidades".[4] Além disso, é necessário "utilizar essas informações para desenvolver e gerir uma relação saudável de trabalho – que seja compatível com os dois estilos e recursos, caracterizada por mútuas expectativas e que atenda as necessidades mais importantes da outra pessoa".

Claro, pode ser difícil desvendar a mente do seu chefe. Quem nunca, em algum momento, já se perguntou o que ele ou ela estavam pensando, ou não o compreendeu completamente? Mas, aqueles que de fato querem uma relação produtiva com seus superiores precisam, com profunda determinação, dedicar-se à missão de descobrir como o chefe realmente se comporta.

Por fim, dizem Gabarro e Kotter, os seguidores precisam entender as pressões e metas, as forças e fraquezas do seu chefe. Prestar atenção ao comportamento do líder deveria ser um processo contínuo, permitindo que o seguidor antecipe mudanças.

Entender você mesmo é mais simples em alguns aspectos. O acesso é mais fácil. Com um pouco de esperança, não deve ser muito difícil determinar seus pontos fortes, suas fraquezas, seus objetivos, suas metas e seus estilos de trabalho. O desafio é fazer algo a respeito disso, caso necessário. Em termos de interação com o chefe, há uma série de reações. Nos dois extremos estão o comportamento independente e o superdependente.

Os indivíduos independentes se ressentem da autoridade do chefe e tendem a argumentar e a ficar revoltados. Eles podem objetar a ser coagidos, lutar e brigar somente por causa disso e ver no chefe um inimigo a ser tolerado ou vencido. Com um chefe autoritário, essa relação pode tornar-se bem difícil e complicada.

Já as pessoas superdependentes são servis e condescendentes ao extremo. São submissas e quietas até quando sabem que o chefe está tomando uma decisão errada, e não vão se manifestar mesmo que um debate e uma discussão sejam necessários. Os executivos superdependentes tendem a "ver o chefe como se ele fosse um pai onisciente que deve saber mais, ser responsável pela carreira deles, treiná-los em tudo o que precisam saber e protegê-los de pares excessivamente ambiciosos".[5]

Nenhum desses extremos é saudável, nem produtivo. Assim, embora esses comportamentos possam estar profundamente arraigados nas pessoas e serem difíceis de alterar, uma conscientização sobre qualquer tendência a agir dessa maneira é muito útil para lidar com eles.

Munido de *insights* sobre o funcionamento interno de sua própria mente e de seu chefe, é possível começar a desenvolver e a manter uma relação de trabalho mutuamente benéfica. Por exemplo, o executivo precisa acomodar elementos do estilo de trabalho de seu ou sua chefe. O líder prefere receber relatórios por escrito ou ter uma conversa? Ele gosta de se envolver com as decisões conforme elas surgem, ou prefere delegar e ser informado do que precisa saber? O quanto de informação ele precisa sobre o que o subordinado está fazendo?

É sábio comunicar e gerir as expectativas com eficácia, preferindo passar informações demais a de menos, por exemplo. Adicione a isso confiança, honestidade e conscientização de que o tempo do chefe é precioso e não deve ser desperdiçado, e a relação líder-liderado sairá beneficiada.

Acompanhamento

"Na busca tão zelosa por melhores líderes, tendemos a perder de vista aquelas pessoas que esses líderes vão liderar... As organizações permanecem ou caem, em parte, devido à atuação de suas lideranças, mas, em parte, devido ao quão bem os seus seguidores o seguem", Robert Kelley observou em um artigo de 1988.[6]

Dado que a maioria das pessoas passa mais tempo seguindo do que liderando, Kelley percebeu que os seguidores e suas atitudes mereciam certa atenção. Qual era a diferença entre um bom e um mau seguidor? "O que distingue um seguidor eficaz de outro não eficaz", disse Kelley, "é uma participação entusiasmada, inteligente e autossuficiente – sem se comportar como estrela – na busca de um objetivo organizacional".[7]

É mais fácil compreender por que um funcionário descontente pode se tornar um seguidor fraco, mas por que há uma diferença na qualidade do adesionismo entre as pessoas que estão igualmente comprometidas com a organização? Kelley decidiu olhar para os comportamentos que levavam à adesão eficaz e à adesão não eficaz. Ele descobriu que existiam duas dimensões que explicavam a diferença entre o adesionismo eficaz e o ineficaz, e isso o levou a construir um modelo de padrões de comportamento de adesionismo.[8]

As duas dimensões focam na forma como os seguidores pensam e na forma como agem. Os seguidores pensam por eles

Adesionismo **119**

mesmos ou esperam que o líder pense por eles? Eles estão ativamente engajados na relação, trazendo uma energia positiva para o seu trabalho, ou são passivos e exteriorizam vibrações negativas?

Kelley construiu uma matriz dois por dois, com um círculo no meio que englobava os quatro quadrantes. No topo estava o pensamento independente, crítico, e abaixo estava o pensamento dependente, não crítico. No lado direito da matriz, estava o envolvimento ativo, e do lado esquerdo, o passivo. Baseado nesse modelo, há cinco categorias de adesionismo. As *ovelhas* estão no quadrante inferior esquerdo. Passivos e sem senso crítico, esperam o seu chefe pensar por eles e motivá-los. Quando têm uma tarefa, a completam, e então param; não têm iniciativa, nem responsabilidade. Embora sejam maleáveis e não causem polêmica, os *ovelhas* são um desafio para os líderes, já que precisam ser mandados e cuidados.

No quadrante inferior direito, não críticas mas ativas, estão as *pessoas-sim*. Essas seguem com as tarefas e fazem as coisas. Mas, depois que terminam, sempre voltam ao chefe para perguntar o que vem depois. São empreendedoras, mas servis. Os chefes sem muita confiança tendem a gostar dessas pessoas, pois não causam problemas, embora sejam astuciosas.

Acima, no quadrante superior esquerdo, estão os *alienados*. Embora sejam bem capazes de pensar por si mesmos, tendem a ser cínicos e também a trazer energia negativa e suas perspectivas para os procedimentos. Eles são passivos em ação. Sempre conseguem encontrar razões para não enfrentar desafios ou mudanças. Eles não têm planos de evoluir e são céticos quanto ao que está acontecendo no momento. Kelley sugere que o alienado não vê seu comportamento dessa forma. Eles argumentariam que são inconformistas e o único grupo de seguidores preparado para desafiar o líder.

No centro, com um pé em cada campo, estão os *pragmáticos*. Sobreviventes naturais, eles gostam de ficar em cima do muro e ver o que acontece. No caso de estarem pegando o trem para lugar nenhum, eles não serão os primeiros a bordo. Mas, igualmente, não serão os últimos a ficar; no entanto, ninguém poderia acusá-los de não se envolverem. O mote dos sobreviventes pragmáticos, sugere Kelly, é "melhor a salvo do que arrependido".

Finalmente, no quadrante superior direito, estão os seguidores *estrelas*. Eles são pensadores críticos e independentes que são ativos e trazem energia positiva para sua relação com o chefe e com a organização. Essas estrelas com brilho próprio não aceitam tudo o que o chefe diz sem questionamentos. Eles põem em prática o julgamento crítico e, se não concordam com a decisão do líder, questionam, discutem e sugerem alternativas. Podem aparentemente se comportar como líderes, mas são seguidores, e muitas pessoas estão perfeitamente felizes com o papel de seguidor altamente eficaz.

Além de criar um modelo de comportamento dos seguidores duradouro, Kelley ainda lidou com as qualidades dos seguidores eficazes: bons na autogestão; muito comprometidos com algo além dos seus próprios interesses pessoais, seja uma causa, uma organização, seja uma ideia; competentes e hábeis; corajosos e honestos.

Ele também considerou os possíveis caminhos para o adesionismo; há sete, cada um deles com sua motivação. Os *aprendizes* são seguidores, mas eles querem se tornar líderes. Os *discípulos* gostam do líder, querem ser como ele e estar junto dele. Os *mentores* se preocupam com o desenvolvimento pessoal, mas não necessariamente visando à liderança. Os *camaradas* gostam da experiência de estar com um grupo de pessoas focadas nos mesmos objetivos. Os *leais* são motivados a ser seguidores pelo seu comprometimento emocional com o líder. Os *sonhado-*

res têm um sonho – seguir. E alguns somente admiram o *estilo de vida* do seguidor.

À medida que houve mais interesse pelo contrato psicológico entre o líder e os seguidores, os pensadores começaram a perguntar o que deixa as pessoas preparadas para seguir um líder, mas não outro. O antropólogo e psicanalista norte-americano Michael Maccoby ofereceu uma perspectiva psicológica da ligação líder-seguidor.[9]

Maccoby atribuiu a ligação líder-seguidor à transferência, conceito desenvolvido por Freud para explicar a atração que os pacientes tinham por ele. É a transferência de experiências e emoções de relações passadas (frequentemente entre os pais e a criança) para o presente. Então, se os funcionários acreditam que seus chefes se importam com eles de uma forma pseudoparental, vão trabalhar mais arduamente para satisfazer esses chefes. Essa situação continuará – a menos que o funcionário consiga superar a visão idealizada da relação e ver a realidade da situação. O funcionário está no trabalho, e o chefe não é seu pai.

Cinco tipos de seguidores

Uma pessoa que entende o poder do adesionismo é Barbara Kellerman. Para Kellerman, o interesse pela liderança faz parte da condição humana. "Cada parte da nossa cultura – da política à religião, e até as relações pessoais – envolve alguma manifestação de liderança", diz ela. Seu próprio interesse começou muito antes de o assunto se tornar atraente na academia. Como estudante de pós-graduação em ciências políticas na Universidade de Yale, no começo dos anos 1970, ela escreveu sua tese de doutorado sobre o chanceler alemão Willy Brandt.

O trabalho se provou uma eterna fascinação. Hoje, ela é professora da cátedra James MacGregor Burns de liderança pública na escola de governo John F. Kennedy da Universidade de Harvard. Ela também foi a diretora executiva fundadora do Centro de liderança pública da Kennedy School. E enquanto outros estudiosos reverenciam lideranças heroicas, Kellerman apresenta um contraponto no seu livro, publicado em 2008, *Followership: How Followers Are Creating Change and Changing Leaders*. Ela falou conosco sobre a importância do adesionismo.

Estamos procurando na parte errada da equação da liderança, ou somente negligenciamos uma metade dela?

Não diria que procuramos na parte errada, mas acredito que os livros de gestão se tornaram muito centrados no líder nos últimos 25 anos. Não diria que é um erro enfocar os líderes, o que estou dizendo é que ao olhar somente para eles, ignorando inteiramente os seguidores, estamos prestando um desserviço não apenas à forma como pensamos sobre a liderança e a gestão, mas também ao modo como as praticamos.

A palavra seguidor tem uma conotação comportamental de ovelha. Essa é uma parte do problema?

Como você diz, a palavra *seguidor* é frequentemente igualada a ser uma ovelha, e essa é uma das diversas razões pelas quais nos afastamos dela. A Harvard Kennedy School, por exemplo, é toda dedicada a educar líderes, e posso assegurar que você não ouvirá uma palavra sobre educar seguidores. Quem quer ser uma ovelha? Todos querem ser grandes, importantes e muito bem-sucedidos, ninguém quer ser menor e ignorado. Entretanto, enquanto falamos, esse juízo de valor está sofrendo uma revisão profunda.

Por que isso está acontecendo agora?

Primeiro de tudo, historicamente, os seguidores sempre foram muito mais importantes do que se presume em geral. E segundo, devido às transformações sociais, sendo as mais óbvias as mudanças na cultura e na tecnologia. Então os seguidores são mais importantes agora, e os líderes, menos.

Um dos problemas com o adesionismo é sua definição. Como você define um seguidor?

Sim, é complicado. Darei um exemplo. Nos Estados Unidos, em especial nos últimos anos da administração Bush, muitas pessoas sentiram que o presidente dos Estados Unidos, George W. Bush, era uma marionete do vice-presidente, Dick Cheney. Nesse sentido, você poderia argumentar que Bush era um seguidor de Cheney.

Para evitar esse tipo de complexidade, defino os seguidores muito claramente como aqueles que têm uma posição inferior no escalão. Em outras palavras, eles são subordinados aos seus superiores em grupos e organizações. E adesionismo é simplesmente a reação desses de posição inferior no escalão àqueles de posição superior. Agora, os seguidores em geral acompanham esses de posição superior, mas de forma alguma quer dizer que eles sempre fazem isso.

Às vezes, os seguidores resistem e, em outras instâncias, ignoram os líderes. Então, não podemos presumir, em especial nos dias de hoje, que os seguidores automaticamente seguirão seus líderes. O que podemos supor é que eles são os que estão em uma posição inferior no escalão.

Então essa definição é baseada em onde está alguém na hierarquia?

É. Em um hospital, por exemplo, a hierarquia em geral é rigorosa. Em outras organizações, como uma nação, é menos.

Isso significa que nem todos os seguidores são criados iguais?

Correto. Além de nem todos serem iguais, cometemos um enorme erro ao reunirmos todos eles. Passamos tempo demais discutindo sobre os líderes, mas não sobre os seguidores. Quando olhei os diferentes tipos de seguidores, pensei ser absolutamente necessário categorizá-los, e fazer isso de acordo com seu nível de atividade e comprometimento.

Assim, há cinco tipos de seguidores. Em uma ponta do espectro, há o que chamo de *isolados,* que são completamente alienados e desconectados do grupo a que pertencem. Depois vêm os *transeuntes,* que não são necessariamente desconectados, mas que escolhem, por quaisquer razões, não participar; estão presentes, mas não agem. Um exemplo extremo é o que ocorreu no regime nazista alemão, em que muita gente não concordava com Hitler, mas esteve ali e nada fez. O terceiro tipo de seguidor é o *participativo,* que geralmente, mas nem sempre, dá suporte ao líder. Eles costumam ser ativos na organização, mas sem se comprometer demasiadamente.

E o quarto tipo?

O quarto tipo é o *ativista,* que de algum modo é extremamente entusiasta. Essas pessoas são muito ativas e comprometidas tanto com a organização quanto com o seu líder, ou podem até estar comprometidas em derrubar o líder. Algumas vezes, elas não suportam seu líder, mas são passivas para tentar modificar a liderança. Então, de novo, não é necessariamente a favor do líder. E o último tipo é um grupo que chamo de *duro de matar*. Nessa categoria estão aqueles que realmente, como o nome diz, estão dispostos a morrer pela causa ou pela pessoa em quem elas acreditam, ou que elas queiram a todo custo derrubar.

O último grupo é o extremo – isso poderia ter alguma aplicação nas situações políticas, e assim por diante?

Sim, e na área militar.

Pensando em uma organização pública, quais são as implicações para os líderes desses diferentes tipos de seguidores?

Na época em que vivemos, os seguidores podem dificultar as coisas para os líderes com muito mais prontidão do que antigamente. Por isso, é do interesse dos líderes aproveitar o poder potencial dos seguidores.

Os líderes que não prestam muita atenção nos seus subordinados perdem uma enorme oportunidade de liderar bem e com sabedoria. Você não pode supor que todos os seus subordinados sejam iguais. É preciso saber distingui-los, a fim de liderar de forma apropriada ao público que você quer atingir. É um pouco como vender um produto; você deve atingir seu público, em vez de apenas tentar vendê-lo da mesma maneira a pessoas que são, na verdade, muito diferentes.

É importante que os líderes primeiro reconheçam que são vulneráveis a esses diferentes tipos de seguidores nos tempos atuais. E segundo, em um senso mais positivo, eles precisam ser capazes de vender seu produto – os objetivos que desejam alcançar – com seu público em mente.

E isso é muito importante para os seguidores também. Muitos de nós, mesmo os que estão bem perto do topo na hierarquia, somos seguidores porque temos os nossos superiores. Os hospitais, em específico, são tradicionalmente bem hierárquicos (pelo menos nos Estados Unidos). Já é hora de os seguidores e subordinados terem um amplo entendimento do que eles podem realizar. Há certas táticas e estratégias, formas de serem ouvidos, que os seguidores nas organizações hierárquicas, os quais historicamente sempre foram bem tímidos, podem agora começar a compreender.

Falamos anteriormente sobre o caso extremo do duro de matar – alguém que acredita apaixonadamente em uma causa. Você está se referindo a um delator em potencial?

Sim, o delator é um caso extremo. Tendemos a pensar no delator como uma figura heroica, destemida e ousada, que está pronta, desejosa, e é capaz de sair e anunciar as más notícias, mesmo sacrificando seu próprio bem-estar pessoal. É preciso muito cuidado, entretanto, pois os delatores em geral não se saem bem.

Primeiro, eles são frequentemente ignorados, assim, seus esforços são perdidos. Segundo, eles costumam pagar um preço muito alto pelo que fazem.

Não os diminuo; é um papel importante o deles. Mas, sugiro às pessoas que assumam esse papel com cautela, e explorem outras estratégias antes de sair sozinhas e remar contra a maré. Mas, sim, um delator pode ser um *duro de matar,* como você sugere. Eles pagam, muitas vezes, o preço organizacional mais caro de ser demitidos. Penalidades de menor grau seriam simplesmente ser marginalizados, despromovidos ou negligenciados. Portanto, é uma estratégia de alto risco, e acredito haver outras estratégias a adotar antes que alguém decida desempenhar o papel do cavaleiro solitário. Esse seria o meu conselho.

Que tipo de estratégias?

O primeiro passo é de fato se preocupar em ter um entendimento intelectual das mudanças que vêm ocorrendo no século XXI. Temos amplos exemplos nos Estados Unidos. Por exemplo, eu era professora na Universidade de Harvard quando o então reitor, Lawrence Summers, foi derrubado pelo seu corpo docente. Você deve lembrar que ele fez alguns comentários controversos sobre as capacidades das mulheres. Eis um bom exemplo de um líder que foi desfeito pelos seus seguidores.

Então, cada vez mais não é apenas uma tendência, mas uma atitude inteligente prestar atenção aos seguidores. Como líder hoje, preste mais atenção aos seus subordinados. E até onde os subordinados vão, é absolutamente do interesse deles ter maior entendimento do papel que podem desempenhar. Isso não tem de ser necessariamente um papel adversário. Se você pensa em ter um bom líder, é sem dúvida do seu interesse dar um suporte ativo a ele. Se você percebe alguns problemas com a liderança ou a gestão, então como seguidor você pode se conectar com colegas, pessoas que se sentem do mesmo modo, para formar grupos, alianças, e pensar em como alguns protestos funcionariam de maneira diplomática.

Assim, a ênfase no adesionismo é trazer um nível bem maior de sofisticação e entendimento da dinâmica líder-seguidor. Isso está acontecendo no mundo todo, incluindo países como a China, onde a liderança está sendo desafiada de uma forma inimaginável há uma década. Isso certamente não exclui as hierarquias tradicionais no sistema médico, seja na Inglaterra, seja nos Estados Unidos.

Estamos curiosos para saber como o adesionismo está ligado ao seu livro anterior sobre os maus líderes. O bom adesionismo é o antídoto contra a má liderança?

Você está absolutamente correto em fazer essa pergunta, pois se alguém conhece meu livro sobre má liderança, sabe que cada um dos quatro capítulos foi dividido em três seções: a primeira aborda o contexto, a segunda o líder, e a terceira os seguidores. Escrever esse livro me fez entender a importância dos seguidores efetiva e intelectualmente.

Não há má liderança sem maus seguidores. Se você tem um mau líder, deve haver maus seguidores apoiando e assistindo esse líder. Quando levantei a questão naquele livro, perguntei por que os seguidores permanecem com esses líderes. A raça humana foi capaz de combater a doença física e jogar dinheiro nisso, mas não fomos capazes de atacar a doença social da má liderança. Na sua pior forma, a má liderança tem implicações letais. Minha resposta é exatamente como sua questão sugere: não se pode reduzir ou parar maus líderes a menos que você tenha bons seguidores. É simples assim.

Do adesionismo à colaboração

A crescente valorização dos seguidores é embasada em impressões modernas sobre a real natureza da colaboração. Em específico, Herminia Ibarra, professora da cátedra Cora Chaired de liderança e aprendizado, bem como de comportamento organizacional na escola de negócios INSEAD, alerta para a morte do sistema de liderança por comando e controle, por meio de seu enfoque convincente na liderança colaborativa.

O trabalho anterior de Ibarra enfocou um de seus principais interesses de pesquisa: a gestão de carreiras e talento. *Working Identity: Unconventional Strategies for Reinventing Your Career* detalha como as pessoas se reinventam no ambiente de trabalho.[10] Mais recentemente, sua pesquisa foi direcionada à liderança, em especial às redes e à liderança colaborativa.

Com Mark Hunter, professor adjunto e pesquisador sênior filiado ao INSEAD Social Innovation Centre, Ibarra considera como os líderes podem construir redes.[11] Há três tipos essenciais de redes para prestar atenção: as redes operacionais (aquelas pessoas que o líder precisa para realizar as coisas do dia a dia), as redes pessoais (as pessoas com pensamento similar que estejam fora da organização a fim de ajudar no desenvolvimento pessoal), e as redes estratégicas (as pessoas fora do controle do construtor da rede que podem ajudá-lo a alcançar objetivos organizacionais-chave). Ibarra também olhou para as habilidades que os líderes precisam para alavancar suas redes.

Ela juntou-se a Morten Hansen, professor de empreendedorismo na INSEAD, e investigou a constituição de um líder colaborativo.[12] "Nenhuma empresa tem todos os recursos de que precisa em casa, então é preciso trabalhar além das fronteiras. Essa é a essência da colaboração, simplesmente mobilizar e inspirar as pessoas a ter melhores resultados trabalhando além das fronteiras", diz Ibarra.[13] "Que tipo de liderança permite às organizações identificar oportunidades colaborativas interessantes, trazer os melhores talentos a essas oportunidades, e então liderar o processo de modo que ele chegue a um resultado eficaz."[14]

Ibarra identifica diversas áreas que os líderes precisam enfocar se quiserem se tornar colaborativos. Para começar, eles têm de construir redes que os permitam agregar valor de forma colaborativa por meio dessas conexões. Eles também devem engajar talentos a partir de um amplo espectro da periferia. "Essa periferia pode ser outras geografias, nacionalidades, diversas gerações, trazendo outras pessoas para a discussão, diversidade de gênero, enfim, poderia ser muitas coisas", diz ela.[15]

Estabelecer condições para o processo colaborativo é o próximo passo. Isso inclui a erradicação de políticas e conflitos que obstruem a colaboração. "É preciso modelar isso a partir do topo, pois se você não tiver seu potencial colaborativo lá em cima, simplesmente não dará certo."[16]

Por fim, diz Ibarra, mostre um braço forte. Não há a exigência de colaboração para tudo. Uma necessidade constante de consenso poderia matar a colaboração. Em vez disso, o líder colaborativo sabe o momento de dar um passo atrás e quando deve tomar atitudes para que a colaboração continue avançando e agregando valor.

E, a fim de dominar a liderança colaborativa, os líderes terão que repudiar algumas visões comumente defendidas sobre liderança. Por exemplo, pense na liderança situacional e na necessidade da liderança por comando e controle em certas situações.

"Essa ideia da liderança situacional está realmente enraizada", diz Ibarra. "As pessoas creem que, quando os tempos são bons, conseguem fazer todas as coisas boas: elas podem deixar para lá; podem colaborar infinitamente. Já nos tempos difíceis, é hora de fechar o cerco; agora é preciso dirigir e controlar. Isso não é verdade. Nas piores horas é que são necessárias ideias e mais comunicação. Creio ser essa a verdadeira barreira, o senso de que há hora para cada uma delas, e de que a liderança por comando e controle ainda é a resposta para os tempos difíceis."[17]

Liderança 2.0

Os pensamentos de Herminia Ibarra sobre a liderança colaborativa ecoaram quando entrevistamos Gary Hamel. Eis sua visão.

O que é mais importante para um líder?

Separe os diferentes livros de negócios de acordo com o assunto, e os livros de liderança formarão uma pilha maior do que os de estratégia, mudança, etc. Olhe para as empresas e você verá que passamos muito tempo tentando criar líderes que tenham um conjunto de capacidades, pessoas destemidas, porém prudentes; fortes, porém empáticas; visionárias, porém práticas. A realidade é que há pouquíssimas pessoas assim por aí.

Então se não há líderes assim, o que as organizações deveriam fazer?

Uma das perguntas que temos que fazer é a seguinte: o problema é encontrar ou formar esses líderes extraordinários? Ou é construir empresas que consigam progredir mesmo quando as lideranças são medíocres?

Acho que é muito mais a última opção. Se analisarmos qualquer medida, as democracias tiveram um desempenho melhor do que os sistemas totalitários ao longo dos últimos 100 anos.

Quando você olha para os dados, o que fica evidente é que as democracias são adaptáveis e resilientes. Em uma democracia, o poder sobe e a responsabilidade desce. Nas empresas, tende a ser exatamente o oposto. Portanto, isso não significa que não se deva lutar para melhorar nossas habilidades e capacidades de liderança, mas, no final das contas, acho que a noção de que vamos investir mais autoridade em detrimento da estratégia e da direção em um pequeno grupo de pessoas que estão no topo e que são de alguma forma super-heróis é totalmente falida.

Então é inútil confiar em grandes líderes para guiar as empresas em um ambiente de negócios difícil?

Uma das coisas que sabemos sobre qualquer sistema social é que quanto mais você concentra o poder nele, menos adaptável ele se torna. Há uma longa lista de empresas que estão lutando para recuperar seu mojo, enquanto o problema não é a recessão, mas sim uma mudança fundamental no ambiente de negócios. Elas têm um modelo de negócios que já está desatualizado.

Por que isso ocorreu? Em 9 de 10 casos, é porque as pessoas no topo não estavam dispostas a dispensar seu capital intelectual em depreciação. O mundo estava mudando em volta delas, mas mantiveram crenças desatualizadas sobre o cliente, a tecnologia e o modelo de negócios. Elas ainda tinham o poder e a autoridade, assim, a capacidade de mudança da empresa ficou refém da sua disposição pessoal de se adaptar e mudar.

E se não dos líderes, de onde virá o ímpeto para o tipo de mudança que as organizações precisam?

Precisamos de menos atenção na liderança e mais atenção no modo como você, no dia a dia, explora a inteligência e a energia coletiva de toda a organização. Como agregar essa inteligência e energia de forma a revelar aonde deveríamos ir em seguida, as novas oportunidades? Mas quanto à ideia de que uma ou duas pessoas no topo vão ser os principais tomadores de decisão e visionários, acho que isso é simplesmente insustentável em um mundo tão complexo e em rápida mudança como o que temos agora.

Sempre achei interessante que, enquanto muitos CEOs falam sobre a necessidade de mudança e de sua importância, não conheço alguma empresa que tenha treinado todos os seus funcionários para serem ativistas internos. Na verdade, temos medo desse tipo de ideia. Isso não significa anarquismo, mas ativismo. Em uma democracia, as mudanças começam com pessoas da sociedade, que formam um novo partido político ou iniciam uma campanha para salvar o meio ambiente, ou o que quer que seja. Contudo, dentro das organizações, não aproveitamos essa capacidade das pessoas da linha de frente de construir uma coalizão, avançar um ponto de vista e começar a moldar uma política. Elas estão sentadas ali, imponentes. Elas aprenderam que a estratégia vem do topo.

Isso acaba se tornando uma profecia autorrealizável. Se não assumir a responsabilidade pela estratégia, você deve esperar até que o próximo líder chegue. Isso precisa ser mudado, ou nossas organizações simplesmente passarão por círculos contínuos de mudança convulsiva, depois de terem perdido coisas cruciais que estão se alterando no ambiente.

CAPÍTULO 7

Onde os líderes encontram o mundo

Todos os líderes de sucesso que encontramos têm uma visão positiva e otimista do mundo. Eles não têm uma visão irreal das coisas, simplesmente preferem ver pela ótica da metade cheia, e não da metade vazia do copo.

Graças ao surgimento da psicologia positiva, a positividade está na moda e cada vez mais sendo aplicada à liderança. Entre os teóricos de vanguarda da liderança positiva está Lee Newman da IE Business School da Espanha. Ele sugere uma nova abordagem para a liderança desenvolvida para obter uma vantagem comportamental – "uma vantagem obtida ao construir uma organização com indivíduos e equipes que pensem melhor e tenham melhores desempenhos, em todos os níveis".

A vantagem competitiva sustentável, no sentido convencional, não é mais algo atingível, argumenta Newman, ex-

-empreendedor de tecnologia e consultor na McKinsey & Co. Ainda assim, é possível obter *vantagens comportamentais*. Segundo ele, isso é feito levando em consideração as pesquisas e reflexões mais recentes sobre economia comportamental e psicologia positiva e aplicando-as para melhorar o desempenho individual e organizacional.

De acordo com Newman, são três os principais elementos da liderança positiva. O primeiro é o treinamento mental, que ajuda os líderes a entender seus processos de pensamento de tomada de decisão e os permite pensar melhor. O segundo elemento enfoca o desenvolvimento dos pontos fortes das pessoas, em vez de melhorar suas fraquezas. De acordo com Newman, as empresas devem "identificar as forças de seus indivíduos e de suas equipes e então planejar o trabalho em torno delas. Todos saem ganhando: maior bem-estar para os funcionários e melhores resultados para a organização".

O terceiro aspecto da liderança positiva que o líder precisa atender é a aptidão profissional. Os líderes devem garantir que eles e seus seguidores estejam aplicando seu conhecimento no trabalho diário.

Como Newman observa, "é positivo porque se trata de ajudar profissionais que já estão se saindo bem a *subir na curva* em direção a um desempenho extraordinário". Assim, a liderança positiva é "a nova forma de ajudar as empresas a obter resultados extraordinários sustentáveis no ambiente moderno de trabalho".[1]

Liderança sem fronteiras

A liderança positiva é um tema alinhado ao trabalho de toda a carreira de Stew Friedman, professor de gestão na Wharton School da Universidade da Pensilvânia. Com formação em psicologia organizacional, foi diretor fundador do Programa de lideranças da Wharton, bem como diretor fundador do Projeto de integração trabalho/vida da Wharton. Criador do conceito de liderança total, é autor do livro Total Leadership: Be a Better Leader, Have a Richer Life.

A liderança tornou-se uma indústria de peso, mas quando você começou, mal era reconhecida como uma área digna de estudo. Como você veio a se interessar pelo tema liderança?

Há 30 anos, minha pesquisa para a tese na Universidade de Michigan era sobre como os executivos das grandes empresas são preparados e selecionados para os seus cargos. Essa foi a origem do meu trabalho sobre o desenvolvimento de executivos, o planejamento de sucessão, a sucessão de CEOs e os sistemas de desenvolvimento de lideranças. Em 1991, comecei o Programa de lideranças da Wharton. Isso foi quando a Wharton fez uma grande reformulação em todo o nosso currículo. Um dos elementos críticos desse trabalho foi garantir que nossos alunos – mais de 800 MBAs no primeiro ano – tivessem uma experiência no mundo real trabalhando em equipes e com *feedback* sobre a liderança em um ambiente de equipe. Criamos grupos de aprendizagem, o que na época foi uma inovação em um currículo de MBA.

E foi realmente nos anos 1980 que a liderança decolou.

É claro que, desde Platão, as pessoas pensam sobre o assunto e lutam com a questão de como desenvolver futuros líderes. Não se trata de uma questão nova, mas, nos anos 1980, ela decolou no moderno mundo dos negócios.

Apesar da literatura emergente que efervescia entre os anos 1960 e 1970, o livro divisor de águas foi *In Search of Excellence*, de Tom Peters e Robert Waterman. Eles foram os primeiros a lançar luz à questão da cultura e da liderança e ao papel da liderança no desempenho organizacional.

O movimento do potencial humano foi um importante precursor para que se desse mais atenção à qualidade de vida, levando em consideração a pessoa como um todo e vendo a liderança como algo possível para todos – não somente como uma função executiva em uma hierarquia, mas como a capacidade de uma pessoa de contribuir para uma missão ou causa social maior.

O que é realmente interessante no seu trabalho é a ligação entre a integração trabalho/vida e a liderança.

Tenho sustentado a ideia de que a solução para o dilema trabalho/vida é a liderança, e que o ponto-chave da liderança é, realmente, a pessoa como um todo.

Demonstrei, assim espero, e concretizei a ideia de que você pode melhorar sua capacidade de liderança, seu desempenho, seus resultados no trabalho e em outras esferas, ao reunir as diferentes partes da sua vida, integrando-as de uma maneira inteligente que funcione para você. Por trás disso, está a noção de que cada pessoa pode emergir mais como um líder do que costuma ser, e essa liderança pode ser aprendida, praticada e desenvolvida, como qualquer arte ou esporte, mesmo que não possa ser ensinada.

O debate trabalho/vida com frequência é polarizado como uma questão de gênero. Você adota uma perspectiva bem diferente.

Embora, infelizmente, ele seja muitas vezes assim caracterizado, o dilema trabalho/vida não é um assunto apenas das mulheres – é um tema social, humano e econômico. O que eu estava tentando realizar, de forma intencional e subversiva, com a ideia de liderança total era criar uma linguagem que tornasse esses princípios e métodos acessíveis aos homens, para que eles os usassem a fim de integrar melhor suas vidas, e que isso se tornasse uma ação legítima para eles.

Trata-se, então, de liderança, desempenho e resultados mensuráveis em todos os setores da vida: trabalho, lar, comunidade e o próprio eu (mente, corpo e espírito) – o que chamo de "vitórias de quatro vias", algo que tanto o homem quanto a mulher se interessem em buscar e, talvez o mais importante, sintam-se *confortáveis* ao fazer isso.

A origem de muitas dessas ideias remete à época que você trabalhou na Ford, começando em 1999.

Sim, isso transformou completamente meu pensamento a respeito de tudo. Meu mundo foi sacudido pela minha experiência como executivo sênior naquela empresa incrível durante dois anos e meio. A primeira coisa que eu diria sobre essa experiência, refletindo depois desses quase 15 anos que se passaram, é que eu me sentia pequeno diante do desafio de tentar realizar qualquer coisa em um grande sistema social.

Saí com outra visão e um profundo respeito e admiração por aqueles que passam grande parte de suas vidas liderando organizações e tentando realizar coisas importantes nelas. Olhando de fora, parece muito mais fácil do que realmente é.

Você estava no comando do Centro de Desenvolvimento de Lideranças da empresa, uma operação com 50 pessoas estimada em $ 25 milhões. Como isso aconteceu?

Quando Jac Nasser tornou-se CEO da Ford, ele buscava transformar a cultura da empresa e mudar a mentalidade dos funcionários para focar mais no consumidor, e menos na parte de fabricação. Ele queria que todos dentro da empresa observassem o exterior e que se vissem como líderes nos diferentes segmentos de suas vidas.

Durante a entrevista para o cargo, eu disse a Jac que o que eu iria fazer, se ele me contratasse, seria focar o desenvolvimento de lideranças a partir da pessoa como um todo, não apenas em termos de negócios. Quando ele disse: "Ótimo, adoro isso!", foi selado o acordo para mim.

Isso ainda vai de encontro ao que muitas pessoas pensam sobre qual deveria ser a preocupação das empresas. Mas avançamos bastante. É maravilhoso refletir sobre como o mundo mudou no que se refere à legitimidade e ao valor do desenvolvimento de liderança, uma ideia que é totalmente aceita hoje. É também animador ver o quanto os homens se sentem muito mais confortáveis agora ao falarem sobre seus dilemas de vida e trabalho, vendo a liderança do ponto de vista da pessoa como um todo.

Mesmo assim, as pessoas ainda se queixam de que há uma escassez de líderes.

Sim, é verdade. Há um longo caminho a percorrer em termos de como pensamos sobre a importância de desenvolver a capacidade de liderança e de dar às pessoas um senso de confiança e competência na criação de uma mudança sustentável e significativa em suas vidas – um dos objetivos principais da abordagem da liderança total. Por não se levar essa questão suficientemente a sério, ainda há muitos talentos e esforços sendo desperdiçados, mas isso não quer dizer que não tenhamos feito um grande progresso.

O que a sua atual pesquisa está buscando?

Uma pergunta que me fizeram várias vezes foi a seguinte: "uma visão de liderança baseada na pessoa como um todo soa bem na teoria, Stew, mas, no mundo real, para fazer algo realmente incrível, você precisa de dedicação total, certo?". Peço para que os alunos e outros escrevam biografias curtas de pessoas que eles admiram e que exemplificam os princípios da liderança total: quem descobriu sozinho o que significa *ser real* (agir com autenticidade ao deixar claro o que importa para si), *ser inteiro* (agir com integridade ao respeitar a pessoa como um todo) e *ser inovador* (agir com criatividade ao explorar constantemente como as coisas são feitas). Essas são as pessoas que alcançaram a grandeza no mundo, não em virtude do seu comprometimento com outros segmentos de suas vidas, mas *devido a* como o seu trabalho beneficia-se do seu investimento na família, na comunidade e em si mesmo.

O mito é que você tem que dispensar o resto de sua vida para ter sucesso como líder. É claro que, em algum ponto, você sempre deve fazer sacrifícios. Mas existem muitos exemplos de pessoas que obtiveram poder, sabedoria, suporte de suas famílias e de sua comunidade, bem como para suas vidas emocional e espiritual, a fim de realizar grandes feitos em suas vidas profissionais, ao encontrarem valor mútuo entre os diferentes segmentos da vida. Na verdade, essa é a história que conto no livro *Great Leaders, Good Lives*.[2]

A mensagem da liderança total é ter uma abordagem disciplinada e sistemática para enfocar o que mais importa para você e para aqueles ao seu redor e, então, experimentar várias maneiras de criar o que chamo de vitórias de quatro vias. Identificamos um conjunto de habilidades que materializam os três princípios básicos: ser real, ser inteiro e ser inovador. Em *Great Leaders, Good Lives,* são representados seis grandes líderes que tiveram vidas boas com uma análise das habilidades que eles empregaram para conseguir isso. O livro também mostra como qualquer pessoa pode praticar essas habilidades.

Você ainda está liderando o Projeto de integração trabalho/vida.

O Projeto de integração trabalho/vida começou em 1991 e tinha duas missões iniciais. Uma delas era reunir líderes de pensamento nos negócios, na academia e no setor público e fazê-los descobrir e compartilhar as melhores práticas na integração dos diferentes segmentos da vida nos níveis individual, executivo, organizacional e social.

A outra parte do projeto era pesquisar a vida e a carreira de alunos e ex-alunos da Wharton. O primeiro resultado disso foi o livro *Work and Family – Allies or Enemies*, publicado em 2000.[3] Em 1992, reunimos dados de pesquisa detalhados a partir da turma de formandos; 20 anos depois, aplicamos a mesma pesquisa na turma de formandos de 2012. Então voltamos à turma de 1992 e perguntamos a eles sobre suas vidas, carreiras, realizações e aspirações futuras. E pedimos que nos dissessem como lidam com os desafios da vida e do trabalho, suas visões sobre carreira dupla, como seu trabalho evoluiu, como a tecnologia os afetou, entre outras.

Uma das perguntas que fizemos nas duas turmas foi: você planeja ter filhos? Em 1992, 79% de homens e mulheres disseram que sim e, em 2012, 42%. Outro livro, chamado *Baby Bust*, aborda como as últimas duas décadas apresentaram grandes mudanças no trabalho e na vida familiar.[4] Descrevo como e por que as coisas se transformaram, e de formas distintas para homens e mulheres. Por exemplo, as razões pelas quais menos homens planejam ter filhos não são as mesmas das mulheres.

A boa notícia é que há uma convergência crescente entre homens e mulheres em termos de suas atitudes e valores relacionados ao trabalho e à vida familiar. As ideias e os métodos do programa de liderança total podem ajudar a criar uma nova ordem social. Ou seja, entre as principais lições do programa está que as pessoas aprendam a reconhecer que elas têm muito mais poder e critério para criar mudanças e controlar esse poder. Isso lhes permite lidar com as coisas que têm mais importância para si e deixar uma grande contribuição para o mundo de um modo que funcione para elas mesmas e para aqueles ao seu redor.

O que é tão fascinante nesse momento da história é que avançamos a ideia de liberação humana. No início da minha vida, nos anos 1960, houve uma explosão de interesse na libertação do espírito humano. A próxima fase da nossa evolução está em curso. Há muita experimentação em termos de como as famílias vivem as suas vidas, muitos jovens questionando o que é possível e aceitável. E, é claro, o advento da revolução digital acelerou tudo. Haverá muito mais opções para as pessoas, homens e mulheres, de como elas escolhem trabalhar e de como contribuem.

Você se vê como um líder?

Quero que todos se vejam como líderes e certamente isso também se aplica a mim. Meu conceito principal sobre o que os líderes fazem é reunir as pessoas, mobilizá-las, a fim de realizar algum objetivo de valor. E para que isso tenha algum valor, o objetivo tem que trazer algum benefício para outras pessoas. Essa é, então, minha missão por meio do meu trabalho, e é essa a ideia que estou tentando ajudar a cultivar com todo o meu esforço aonde quer que eu vá – com nossos alunos na Wharton e além. Precisamos ser nós mesmos em qualquer esfera – no trabalho, em casa, na comunidade e também sozinhos com os próprios pensamentos. Precisamos estar completos em todos os segmentos importantes de nossas vidas a fim de tornar o mundo melhor.

Há um tipo poderoso de otimismo no seu trabalho.

Bem, estou feliz de que você tenha captado isso, pois, para mim, essa é a característica principal do que os líderes devem fazer: transmutar a dura realidade atual em um caminho de esperança a fim de tornar o mundo um pouco melhor. Trata-se de olhar a realidade da forma mais clara possível e, junto com outras pessoas, e de maneira criativa, tentar imaginar caminhos para melhorar a condição humana.

CAPÍTULO 8

Os líderes em ação

Para quem está interessado em aprender mais sobre liderança, há muitos recursos para escolher – tantos, na verdade, que o maior desafio pode ser saber por onde começar. Neste livro, os pensadores de liderança representam alguns dos mais respeitados estudiosos em seu campo, e qualquer lista de leitura de liderança apresentaria muitos de seus livros e artigos.

Mas o que acontece quando o líder, ou candidato a líder, está debruçado sobre inúmeras obras seminais sobre o assunto, quando as estantes estão cedendo sob o peso dos clássicos de liderança, quando o Kindle está quase desgastado? Depois de fazer muitas anotações, sublinhar passagens, desenhar mapas mentais e preparar algumas colinhas, o líder realmente tem que começar a trabalhar e demonstrar alguma liderança.

A maioria das publicações sobre liderança, mesmo as mais teóricas, contém algumas dicas práticas para os líderes, ou mesmo para os seguidores. No entanto, alguns pensadores de liderança estão particularmente focados na liderança na prática – não tanto nos traços, nas características e nos atributos, talvez, mas certamente no lado prático, funcional da liderança.

A liderança em ação

Veja o caso de John Adair, professor sênior em Sandhurst, a Academia Militar Real Britânica. O exército é o exemplo clássico das vantagens de uma grande liderança na prática. Os grandes líderes conquistam nações. Os líderes fracos levam suas tropas à morte e, possivelmente, eles mesmos também. Compreensivelmente, Adair estava voltado para a aplicação prática da teoria da liderança no campo.

Adair sentiu que o treinamento de liderança que havia recebido no exército poderia ser melhorado. "O tipo de instrução que me foi dada, como segundo tenente nos meus dias no Serviço Nacional (treinamento para ser líder), foi uma lista das 32 qualidades essenciais de um líder", ele observou mais tarde.

Para substituir a abordagem das qualidades ou características, Adair desenvolveu uma abordagem funcional à liderança. Ele identificou as principais funções de liderança como planejamento, começo, controle, apoio, informação e avaliação.

Adair é mais conhecido pelo modelo de liderança centrada na ação. Em sua visão, a liderança foi atenuada pela ação – sendo colocada em situações nas quais os líderes poderiam ter a experiência de liderança por si mesmos. Seu modelo foi uma das três áreas de responsabilidade de liderança que se sobrepõem: equipe, tarefa e indivíduo. O líder, segundo ele, tinha a responsabilidade de ajudar um grupo a completar sua tarefa, a construí-lo como uma equipe e a desenvolver e motivar os membros individuais.

De acordo com o modelo de Adair, uma parte significativa do papel do líder é manter o equilíbrio entre os três elementos. Se a equipe se tornar muito dominante, ela vai se transformar em um comitê. Concentre-se muito na tarefa e o líder acaba como ditador. Deixe de se concentrar no indivíduo e a anarquia toma conta.

Durante os anos 1970, Adair levou seu modelo das salas de conferência da turma de oficiais para as diretorias das indústrias. Sua concepção das três áreas que se sobrepõem de tarefas, equipe e indivíduo foi condensada em um diagrama de Venn de três círculos entrelaçados. O logotipo foi impresso em cartões laminados e entregue aos inúmeros supervisores e gerentes.

No contexto empresarial, a liderança centrada na ação tinha o papel de transformar os gestores de administradores em líderes. Sua abordagem funcional à liderança foi amplamente aplicada nos negócios, em parte por causa de seu forte apoio ao treinamento de liderança nas empresas e a seu envolvimento com a sociedade industrial.

Adair acreditava que as habilidades de liderança eram práticas e poderiam ser aprendidas por qualquer pessoa. Ele estava claramente à frente do seu tempo em antecipar tendências futuras de liderança. "Para competir e crescer em mercados globais, as empresas devem se concentrar em ser criativas e inovadoras, e para isso elas vão precisar de líderes centrados nas pessoas, e não de gestores do tipo macho à moda antiga. No entanto, muitos gestores se veem como controladores, alocadores ou contadores."

A liderança no ponto de desequilíbrio

Enquanto Adair utilizou suas experiências de liderança militar para criar líderes mais eficazes na prática, W. Chan Kim e Renée Mauborgne, professores da escola internacional de administração INSEAD, olharam para a liderança em um serviço público diferente, no qual a liderança é igualmente crítica. Em seu artigo publicado na edição de abril de 2003 da *Harvard Business Review*, intitulado "Tipping Point Leadership", Kim e Mauborgne apontaram o trabalho do chefe de polícia de Nova York, William Bratton, como exemplo do que eles chamaram de "liderança no ponto de desequilíbrio".

Houve uma onda de criminalidade em Nova York em meados dos anos 1990. Baixos salários, condições de trabalho perigosas e longas horas tinham criado uma força policial desiludida e pouco motivada. O Departamento de Polícia de Nova York (NYPD) carecia de mais recursos, e a política organizacional era frágil.

De acordo com Kim e Mauborgne, a liderança de Bratton foi construída em torno de quatro elementos: os cognitivos (comunicar e assegurar que os gestores estavam em contato com os problemas), os políticos (manter os inimigos internos calmos e isolar os externos), os recursais (inicialmente concentrando-se em áreas problemáticas) e os motivacionais (correlacionar as mensagens a vários níveis dentro da organização).

Bratton empregou uma variedade de táticas para implementar a sua estratégia e abordar os quatro obstáculos. Ele lidou com os obstáculos cognitivos ao forçar a alta administração a enfrentar os problemas de verdade. Por exemplo, as estatísticas sugeriam que o metrô era uma forma segura de viajar, mas as evidências anedóticas das pessoas que o usavam mostravam o contrário. Bratton fez seus chefes de polícia e gestores intermediários andarem de metrô regularmente para que eles vissem a realidade – as gangues, a mendicância agressiva, a sonegação de tarifa e a criminalidade – em primeira mão.

Sempre haverá poderosos interesses pessoais reunidos contra o líder no ponto de desequilíbrio que está tentando implementar mudanças. No caso da política organizacional, três fatores têm um efeito desproporcional: os anjos (aqueles que têm mais a ganhar com a mudança estratégica), os demônios (aqueles que têm mais a perder) e o *consigliere* (um informante altamente respeitado, que pode orientar o líder no ponto de desequilíbrio pelo campo minado da política).

Para os líderes no ponto de desequilíbrio, o plano de ação deve ser, em primeiro lugar, encontrar um *consigliere* respeitado. Em segundo lugar, identificar e tentar isolar os demônios ao construir uma ampla coalizão de apoio e ao antecipar e criar respostas às prováveis objeções.

Kim e Mauborgne sugerem que os líderes no ponto de desequilíbrio se concentrem em três fatores que têm uma influência desproporcional sobre a motivação: chefões, gestão de aquário e atomização.

Comece com os chefões: os influenciadores-chave da organização. Bratton focou nos 76 chefes de delegacia do NYPD. Por meio deles, ele sabia que chegaria a 200 ou 400 oficiais de polícia seniores, e 35.000 policiais na linha de frente.

Em seguida, por meio de um método de transparência, inclusão e processo justo, lance uma luz sobre as ações dos chefões, tanto boas quanto não tão boas. Isso cria quase instantaneamente uma cultura de alto desempenho, pois os chefões não desejam ser vistos sob uma luz fraca.

Por fim, um líder no ponto de desequilíbrio tenta tornar a tarefa mais gerenciável. Portanto, Bratton olhou para a tarefa como um desafio rua a rua, quadra a quadra, delegacia a delegacia, tornando o prospecto de controlar o crime em uma cidade do tamanho de Nova York menos intimidante e mais viável.

Ao enfrentar o desafio dos recursos, Bratton focou nos recursos que estavam disponíveis nos pontos-chave, indicando que essas atividades necessitavam de menos recursos, mas representavam uma oportunidade para grandes ganhos de desempenho. Por exemplo, o crime no metrô estava concentrado em poucas linhas e estações, mas, quando Bratton começou, a maioria das linhas e estações tinha uma presença policial igual. A solução: transferir mais policiais para os pontos-chave.

Ao mesmo tempo, lide com aquelas atividades que consomem muitos recursos mas que, comparativamente, contribuem pouco para o desempenho. Processar um criminoso no tribunal, mesmo para o mais insignificante dos crimes, levava 16 horas, com grande parte desse tempo sendo gasto com a transferência do suspeito da cena do crime para o tribunal. Bratton introduziu os "ônibus da batida" ("*bust buses*"), que levavam os procedimentos judiciais à cena do crime.

A liderança no ponto de desequilíbrio funciona. Em apenas dois anos, Bratton reduziu os crimes graves em 39%, os homicídios em 50%, e os roubos em 35%. Seu histórico inclui também passagens de sucesso na Polícia de Trânsito de Nova York, na Polícia Metropolitana de Boston, na Autoridade de Trânsito de Massachusetts Bay, no Distrito 4 da Polícia de Boston e no Departamento de Polícia de Los Angeles. Em todas essas organizações, ele gerou uma mudança significativa.

A transição

Por mais de 20 anos, Linda A. Hill, professora de administração de empresas da cátedra Wallace Brett Donham na Harvard Business School, estudou pessoas que eram transferidas para cargos de liderança, particularmente talentos de alto potencial migrando para a gestão pela primeira vez. Sua pesquisa inicial seguiu alguns gestores durante o primeiro ano em um cargo de liderança. Os resultados fizeram parte de seu livro *Becoming a Manager* publicado em 1992.

Ao longo dos anos, Hill observou que o desafio do primeiro cargo de liderança foi se tornando cada vez maior. Uma das razões pelas quais as pessoas acham difícil a transição, diz Hill, é uma série de entendimentos equivocados que elas têm sobre a função.[1] Os novos líderes presumem que terão bastante autoridade e poder e vão conseguir exercê-los livremente. Na verdade, com frequência eles acreditam ser limitados por todas as conexões e relações com as quais precisam lidar a fim de realizar o seu trabalho como líderes. Quanto mais cedo aprenderem a gerir essas relações em rede, mais cedo vão compreender sua nova função.

Outro mito é o de que a autoridade flui naturalmente com o cargo de liderança. Os subordinados diretos fazem o que lhes é solicitado porque o líder mandou. No entanto, os novos líderes logo descobrem que este não é o caso. Em vez disso, diz Hill, o novo líder precisa demonstrar caráter (ou seja, a intenção de fazer a coisa certa) e competência em sua nova função; isso não precisa ser uma proeza técnica, mas pode muito bem ser uma disposição para fazer perguntas e ouvir. Além disso, os novos líderes têm de mostrar que eles podem usar a influência que vem de seus contatos com a organização.

Mostrar à equipe quem manda logo que assumem o novo cargo é um erro comum que os novos líderes cometem. A anuência e o controle exercido por meio do poder formal não serão eficazes por muito tempo. É melhor dividir o poder e a influência do que dar ordens, afirma Hill. Igualmente, gerenciar um a um é útil, mas os novos líderes precisam criar uma atmosfera de equipe e construir um contexto colaborativo e baseado na equipe para que os indivíduos operem.

Por fim, os novos líderes têm de criar as condições para o sucesso de sua equipe, o que significa apoiar sua equipe e usar seu poder e influência para promover os interesses do grupo. Em "Are You a Good Boss – or a Great One?" (Você é um chefe bom – ou ótimo?), Hill e Kent Lineback retomam alguns desses temas, fazendo a observação de que muitos chefes não conseguem explorar todo o seu potencial porque se esquecem de continuar a desenvolver os seus talentos.[2] Eles não se perguntam "sou bom o suficiente?" e "preciso melhorar?". Os autores sugerem que nem todos os chefes sabem o que precisam fazer para ser verdadeiramente eficazes, ou onde desejam estar no futuro. Hill e Lineback sugerem uma abordagem que vai ajudar os líderes a explorar seu potencial, a qual chamaram de três imperativos: gerenciar a si mesmo, gerenciar uma rede e gerenciar uma equipe.

Os líderes precisam influenciar os outros se quiserem ter sucesso. Ao mesmo tempo, os seguidores estarão observando seu chefe no trabalho e farão julgamentos sobre se estão ou não dispostos a deixar o líder influenciá-los. Os seguidores devem confiar em seu chefe, a fim de ser influenciados. Se a confiança é o resultado da competência e do caráter, os líderes devem gerenciar a si mesmos de maneira a mostrar sua competência e caráter para, assim, inspirar confiança.

Os líderes eficazes gerenciam bem sua rede. Em vez de se afastarem da política organizacional, eles a abraçam, sabendo que precisam fazer os contatos certos na organização, a fim de exercer influência de maneira produtiva. Construir uma rede informal em toda a organização e envolver-se na política organizacional são as melhores maneiras de garantir que tenham os recursos e o poder para realizar as tarefas. Os líderes eficazes não apenas constroem e mantêm esses contatos, mas também garantem que isso seja feito em vários níveis – incluindo o próprio chefe em sua rede, por exemplo.

Quando você está liderando uma equipe, talvez seja tentado lidar com os membros da equipe de forma individual, em vez de coletiva. O tempo é precioso. Todo mundo está trabalhando duro. As reuniões virtuais de equipe online nem sempre são tão eficazes. No entanto, as pessoas gostam de fazer parte de uma equipe, compartilhar objetivos comuns e ter aquela sensação de propósito coletivo. Mesmo que essa não seja a opção mais fácil, um líder eficaz administra a equipe como uma equipe, e não como um grupo de indivíduos. Todos precisam ser incluídos. Certamente as pessoas, às vezes, devem ser tratadas de forma individual, mas essas interações sempre podem ocorrer livremente em um contexto de equipe.

Enfim, o líder eficaz tem de manter o controle sobre a maneira como ele ou ela está usando os três imperativos. Felizmente, Hill e Lineback fornecem uma lista de verificação para ajudar os líderes a acompanhar os resultados.

Futuro – envolvimento – cumprimento

Autor de *Leadership: Plain and Simple*[3], Steve Radcliffe é consultor de liderança e desenvolvimento e já trabalhou ao lado de vários CEOs de grandes organizações, desde a Unilever até o Serviço Público do Reino Unido.

A missão de Radcliffe é convencer as pessoas de que a liderança não tem que ser difícil. A maioria das pessoas pode aprender a ser líderes mais eficazes, independentemente de elas serem o CEO de uma empresa multinacional ou recém terem começado a trabalhar.

Não importa mesmo onde você está em uma organização. Você pode estar em seu primeiro emprego, você pode não ter subordinados diretos. Você pode ter uma equipe ou dirigir um departamento. Você pode dirigir uma organização. E você pode trabalhar em uma escola, em uma instituição de caridade ou em um negócio global. Realmente não importa, porque já vi pessoas realizando lideranças inspiradoras em todos esses cargos e percebi que os fundamentos da liderança são os mesmos para qualquer situação.[4]

Seja qual for o cargo, há três ingredientes essenciais nos quais é preciso focar, diz Radcliffe: futuro – envolvimento – cumprimento.

A liderança tem de começar com o futuro e aonde o líder quer chegar. Apenas ao ter um forte senso de onde precisam estar no futuro é que os líderes serão capazes de persuadir os outros a se comprometer com o futuro também. Quanto mais paixão um líder coloca na sua preocupação com o futuro, maior será o impacto positivo nos seguidores.

Em seguida, os líderes têm de se envolver, diz Radcliffe. Como ele observa, não se trata de "comunicar a", "apresentar em" ou "dizer a"; mas de envolver as pessoas, tanto na visão de futuro quanto com o líder. As qualidades necessárias para alcançar isso incluem "integridade, transparência e consistência", observa Radcliffe. Finalmente, os líderes precisam cumprir o prometido ou, mais precisamente, auxiliar a equipe a ajudar o líder a cumprir o prometido.

Melhorar nessas áreas significa desenvolver e fortalecer os "músculos da liderança". Todos temos esses músculos, mas a questão é que eles precisam ser bem exercitados.

Fator de atração

Se existe alguém que reconhece líderes, este é Marshall Goldsmith; ele encontrou inúmeros deles. Como um dos *coach*es executivos mais conhecidos do mundo (o *Wall Street Journal* classificou-o entre os 10 melhores educadores executivos), Goldsmith já acumulou o impressionante número de 7 milhões de milhas aéreas a partir de sua base na Califórnia e fez o *coaching* de mais de 70 grandes CEOs. Entre seus livros, estão: *Coaching for Leadership, The Leader of the Future* e *What Got You Here Won't Get You There.*

Até que ponto ser um líder tem a ver com o desempenho?

Essa é uma pergunta muito boa. O exemplo que uso com os executivos que trabalham comigo é uma peça de teatro da Broadway ou do West End. As pessoas em um espetáculo não dizem: "Ai, meu pé está doendo; não estou me sentindo muito bem hoje; estou de mau humor". Por quê? Porque é hora do show.

Eu digo aos executivos: "O garoto no palco está fazendo 2% do que você está fazendo. Se a criança pode ir ali, noite após noite, e ser um profissional, então você também pode".

Mas como isso se relaciona à autenticidade?

Você usa a palavra *autêntico*. Mas isso não significa ser um impostor, mas sim, um profissional. Se for o CEO de uma empresa multibilionária e estiver em uma reunião, todo mundo naquela sala estará olhando para você. Estarão ouvindo cada palavra que você diz, e isso é importante para eles.

Mas, os CEOs são humanos. Às vezes, você está em uma reunião, alguém está fazendo uma apresentação que é chata, você já sabe o que a pessoa vai dizer, e você tem que ir ao banheiro.

Não importa. Todos estão olhando para você e, se você não parecer interessado, atencioso e motivado, vai desmobilizar as pessoas. É isso que é ser um profissional.

E quanto ao seu livro Mojo?

Bom, é muito diferente do livro anterior, *What Got You Here Won't Get You There*. Esse livro é sobre as relações interpessoais. *Mojo* é muito mais intrapessoal. É visceral e, nele, foco em como ser feliz e atribuir significado às nossas vidas fazendo o que nos faz feliz e o que é significativo para nós.

Sempre faço a pergunta: quais são as características número 1 das pessoas bem-sucedidas? Uma das respostas-chave é que as pessoas bem-sucedidas têm um comportamento que envolve duas coisas ao mesmo tempo. Um: ele as faz felizes. E dois: ele é significativo para elas.

Gerenciar o processo de sucessão é um papel importante para os líderes. Você escreveu um livro sobre isso – como os líderes realizam uma boa sucessão?

Falo sobre três variáveis que devem ser trabalhadas quando você estiver se preparando para sair. Uma delas é que você ainda tem que dirigir a sua empresa ou o seu negócio, seja ele qual for. A segunda é que, você precisa treinar o seu sucessor, é claro. A terceira, que é raramente discutida, é que você precisa encontrar outra coisa para fazer.

Então, é um olhar muito prático sobre esse aspecto da liderança?

O que gosto nesse livro é que ele fala sobre a realidade da sucessão. Em vez de fingir que se trata de um processo no qual todos falam sobre o valor para o acionista no longo prazo, ele abrange a dimensão humana. O que é a sucessão? Qual é a sensação de abandonar? Qual é a sensação de desistir do que você está fazendo?

Naturalmente, a realidade é que é difícil; muito, muito difícil.

Pense em uma corrida de revezamento, por exemplo. É difícil. Se você está à frente, aplausos de todos, continue, não pare. E se você está atrás, não quer parar. Você pensa " tenho que alcançar, tenho que alcançar".

Então, de qualquer forma, é difícil abandonar. No livro *Succession: Are You Ready?*, falo sobre a dinâmica do abandono, e por que isso é importante. Também falo sobre o quanto é difícil. Já fiz três sessões, com 11 CEOs em cada sessão, falando sobre o abandono. Posso lhe dizer que é fácil na teoria, mas não na prática.

Foi Peter Drucker quem disse que passamos muito tempo falando aos líderes o que eles devem fazer, e não tempo suficiente dizendo a eles o que não devem fazer. Você concorda com isso?

Totalmente. Peter Drucker disse que passamos muito tempo ajudando os líderes a aprender o que fazer, e não passamos tempo suficiente ajudando os líderes a aprender o que devem parar de fazer.

Essa citação foi na verdade a inspiração para o meu livro *What Got You Here Won't Get You There*. Uma boa parte dele ensina aos líderes bem-sucedidos o que eles devem parar de fazer.

Muitas vezes, quando fazemos o *coach* de pessoas, o que lhes dizemos não é algo profundo, é simples: pare de fazer isso. E se as pessoas aprendem a parar de fazer as coisas, elas melhoram. Por exemplo, se você é teimoso e arbitrário, ensino a não começar frases com *não, mas* ou *no entanto*. Multo meus clientes em 20 dólares cada vez que eles fazem isso.

Então, estou repassando um *feedback* de 360 graus de um cliente, e ele diz: "Mas Marshall", e eu digo, "É de graça desta vez, mas se eu falar com você de novo e você começar uma frase com *não, mas* ou *no entanto*, vou multá-lo em 20 dólares". Ele diz: "Mas Marshall": 20 dólares. "Não": 40 dólares. "Não, não, não": 60, 80, 100 dólares. Ele perdeu 420 dólares em uma hora e meia. No final de uma hora e meia, ele me disse: "Obrigado. Não fazia ideia. Falei 21 vezes com você jogando isso na minha cara. Quantas vezes eu teria feito isso se você não tivesse jogado na minha cara? 50? 100? Não me admira que as pessoas pensem que sou teimoso e arbitrário".

Você mencionou as palavras "muito obrigado". Qual é a importância dessas palavras na liderança?

Muito importante. E elas não se tornam menos importantes à medida que você ascende. Elas se tornam mais importantes.

Toda decisão é feita pela pessoa que tem o poder de tomar essa decisão, não pela pessoa mais inteligente, ou pela melhor pessoa, ou pela pessoa certa. Quanto mais alto chegar, mais você será essa pessoa. Você começa a ganhar. Você começa a ganhar o tempo todo. É muito difícil para os líderes se livrarem desse desejo de provar que são inteligentes ou bons, ou que estão certos, e agradecer às outras pessoas, reconhecendo as contribuições delas.

Mas deixe a outra pessoa ser inteligente. Deixe a outra pessoa estar certa. Deixe a outra pessoa ganhar. Se você é o CEO, você ganha de qualquer maneira. Você não precisa ter crédito, você precisa dar crédito.

Para mim, quanto mais você deixar que as outras pessoas se apropriem das ideias, agradecer a elas por suas contribuições e conseguir que se sintam bem em relação ao que estão fazendo pela organização, melhor será para todos.

Já falamos sobre liderança, agora nos conte um pouco sobre seus métodos de coaching.

Meu trabalho é ajudar os líderes que já são bem-sucedidos a alcançar uma mudança duradoura e positiva de comportamento para si mesmos e para as pessoas em suas equipes. Então, o que faço é muito específico e direcionado. Não se trata de corrigir problemas, mas de ajudar as pessoas que já são muito bem-sucedidas; as pessoas geniais tentam melhorar.

Meu método de *coaching* é único. Não sou pago se os meus clientes não melhorarem, e sua melhoria não é julgada por mim ou por meus clientes. O julgamento é feito por todos ao redor dos meus clientes.

Então, com que frequência você não recebe o pagamento? Alguma vez já aconteceu?

Já aconteceu. Não muito; 10 ou 15% das vezes não fui pago por diferentes razões, mas a forma como o meu processo de *coaching* funciona é muito simples. A pessoa que está recebendo o *coaching* precisa de um *feedback* confidencial sobre a forma como cada um a vê. Ela vai descobrir o que está fazendo bem e o que precisa melhorar. Os que estão ao seu redor dão sugestões. Então essa pessoa e eu sentamos, possivelmente com o seu chefe, e conversamos. Temos de chegar a um acordo. Ela vai ter que receber o *feedback*, conversar com as pessoas, acompanhar de forma regular e disciplinada, e pedir desculpas pelos erros anteriores.

E o meu contrato é simples: você vai melhorar. Se o comportamento correto for julgado pelas pessoas certas, valerá a pena o dinheiro. E digo às pessoas: se não valer a pena o dinheiro, não faça isso. Se valer a pena o dinheiro, você não pode perder. Você melhora, sou pago. Você não melhora, é de graça.

E o feedforward? Conte-nos um pouco sobre isso.

Bom, sou budista, um budista filosófico. O *feedforward* é um conceito muito budista. No *feedforward*, ensino as pessoas não a pedir *feedback* sobre o passado, mas sobre o futuro.

E ensino meus clientes a se calar, a ouvir, a tomar notas e a dizer obrigado. Não importa o que a pessoa diz, apenas diga obrigado. Não prometa fazer tudo o que as pessoas sugerem. Liderança não é um concurso de popularidade. Meus clientes apenas ouvem e pensam sobre o que as pessoas dizem, anotam e, então, fazem o que podem.

O foco é um futuro que você pode mudar, e não um passado que você não pode mudar. Não envolve colocar alguém para baixo ou insultar alguém. Nenhum julgamento é permitido, por isso é muito positivo e otimista. As pessoas gostam disso, e você obterá cerca de 80% do benefício de um *feedback*. Você se livra de todo o custo da raiva, de colocar as pessoas para baixo e da atitude defensiva. Adoro a ideia do *feedforward*, é a essência do meu processo de *coaching*.

E quais são as características de um bom coach de executivos como você? Quais são as qualidades? E o que você aprendeu com o que faz?

Olha, acho que a maior qualidade é deixar de lado o seu próprio ego. Se tivesse de olhar para os meus fracassos na vida como *coach*, o fracasso número um seria eu.

Os clientes para os quais fiz *coaching* e que melhoraram são aqueles com quem passei menos tempo. Os clientes para os quais fiz *coaching* e que não melhoraram, de modo que não recebi pagamento, são aqueles com quem passei mais tempo.

Disse a um dos meus clientes: "O que devo aprender com você?". Ele disse: "Marshall, duas coisas. A primeira é que você precisa aprender, como *coach*, que a sua tarefa número um é a seleção de clientes. Se você tem os clientes certos, o seu processo de *coaching* vai funcionar sempre. Se você tiver os clientes errados, o processo de *coaching* nunca vai funcionar". E mais: "Meu trabalho não é muito diferente. Tenho que gerenciar grandes pessoas. Não importa o quão bom eu seja como líder. Se eu tiver as pessoas erradas, não serei bem-sucedido".

Ele prosseguiu: "O segundo ponto a aprender é que o processo de *coaching* não se trata de você. Não era sobre você e seu ego, era sobre mim e minha equipe. Não se perca em si mesmo". E acrescentou: "No meu trabalho é assim também. Como um grande empreendedor, eu sou o foco. Como um grande líder, eles são o foco".

A dura lição para um *coach*, como um grande *coach*, é que você não é o foco principal, são os seus clientes. E a única coisa que aprendi como *coach*, uma lição muito dura, é que não sou o foco do processo.

Você realiza um processo com o seu parceiro de coaching no qual você passa por uma série de perguntas. Você pode revelar algumas dessas perguntas?

Bom, vou descrever algumas das questões específicas. E a forma como o processo funciona, a propósito, é que as minhas perguntas são destinadas a mim. A ideia do processo de questionário é você escrever suas próprias perguntas.

Mas vou compartilhar algumas das minhas, caso alguém se interesse. A primeira pergunta de todos os dias é: "Em uma escala de 1 a 10, o quão feliz você estava ontem?". Não tenho que trabalhar. Moro em um lugar agradável. Tenho bons amigos, familiares e clientes maravilhosos. Se não estou feliz, de quem é o problema? Olhe em um espelho.

"Em uma escala de 1 a 10, o quão importante foi seu dia ontem?". Realizei algo que fizesse a diferença, algo que era importante, ou só desperdicei meu tempo?

"Quantas vezes você tentou provar que estava certo quando não valia a pena?". Odeio dizer isso, mas quase nunca tirei zero na minha vida. É difícil não fazer isso.

"Quantos comentários raivosos ou destrutivos você fez sobre outras pessoas?". "Será que você disse ou fez algo legal para sua esposa, seu filho ou sua filha?".

"Quantos minutos você escreveu?". Não sei. Já escrevi 28 ou 29 livros. Eles não se escrevem sozinhos. Você realmente tem que fazer o trabalho.

"Você está atualizado sobre seus clientes?" "Quanto você pesa?" "Quantas bebidas alcoólicas você tomou?" São apenas perguntas básicas sobre a vida, e acho que isso me mantém focado.

Alguém uma vez me perguntou: "Por que você precisa fazer isso? Você não conhece a teoria de como mudar o comportamento?".

Escrevi a teoria. É por isso que faço isso.

Como quebrar o código da liderança

Por ser um código para líderes, *The Leadership Code: Five Rules to Lead By* é persuasivo. A coautora Kate Sweetman é pesquisadora visitante no Centro Legatum para o desenvolvimento e empreendedorismo do Instituto de Tecnologia de Massachusetts (MIT), onde trabalha com talentosos jovens empreendedores de países emergentes e em desenvolvimento.

O que os seguidores podem fazer para se certificar de que têm bons líderes?
O fato é que as organizações precisam de muitos líderes, mas eles provavelmente vão ter mais seguidores do que líderes.

Os cinco elementos do código de liderança, na verdade, não são uma lista ruim se você estiver pensando que tal lugar é onde você gostaria de trabalhar a partir de uma perspectiva de liderança.

Que tipo de perguntas você deve fazer a si mesmo?
Por exemplo, comece se perguntando se você acha que as pessoas que estão no nível de tomada de decisão realmente têm uma boa noção de onde estão indo. Eles têm uma visão, uma missão, uma estratégia, ou qualquer que seja o nome usado, sobre como vão transformar a organização no futuro?

Em segundo lugar, eles parecem saber como executar essa estratégia? As coisas aparentemente funcionam sem problemas; seus produtos chegam ao mercado; as coisas de fato acontecem?

Em terceiro lugar, eles realmente sabem como se conectar com o seu próprio público? Muitas vezes, em especial nestes tempos difíceis, as organizações estão tão focadas na execução que se esquecem de que há seres humanos por trás da organização. Qual é a sensação do lugar, o ritmo? As pessoas parecem animadas em ir trabalhar e felizes por estarem ali? Elas sentem que há um futuro para elas ali ou há o sentimento de que ali não é o lugar onde vão prosperar?

Há mais alguma coisa?

Bom, ao conhecer a pessoa para quem vai trabalhar, o que você pensa dele/a como pessoa? É realmente alguém em quem você pode confiar e contar, alguém que você acredita que o protegerá, bem como os interesses dele/a?

Portanto, há um tipo de avaliação complexa que você precisa fazer, mas acho que vale a pena.

Qual foi a sua ideia inicial?

A razão pela qual escrevemos *The Leadership Code* não era tanto para trazer um novo modelo de liderança ou uma nova maneira revolucionária de pensar sobre isso, era, na verdade, mais uma tentativa de organizar o universo tão confuso da liderança.

Trabalho com liderança há 20 anos. Estive em muitas organizações, e é óbvio que as organizações e as diferentes partes das organizações escolhem diferentes elementos da liderança para enfatizar. Pode ser a inteligência emocional, ou a liderança adaptativa, ou a liderança situacional, por exemplo.

Mas o que isso tudo de fato agrega a essas organizações? O que tentamos fazer é olhar para o que toda liderança tem em comum e como essas diversas ideias se encaixam, de modo que, quando você estiver decidindo entre se tornar um líder ou desenvolver a liderança em uma organização, você saberá que pensou sobre isso de uma forma abrangente e equilibrada.

Há elementos comuns para uma boa liderança?

Sem dúvida. Aparentemente, você pensaria que a Madre Teresa tinha muito pouco em comum com Winston Churchill, por exemplo. Mas, na realidade, ao analisá-los mais de perto e ao observar os bons líderes que realmente conseguiram construir organizações duradouras, em todo tipo de empreendimento, você descobre que 60 a 70% do que eles fazem é, na verdade, o mesmo.

Se as cinco regras são responsáveis por dois terços do que torna um líder eficaz, o que mais é importante?

Os outros componentes, na verdade, dependem da situação – se você está tentando administrar uma empresa farmacêutica de determinada maneira ou se está tentando organizar um exército, por exemplo. É por isso que um líder bem-sucedido em um empreendimento, às vezes, não é tão bem-sucedido em outro.

Você pode esclarecer alguns dos elementos individuais do código de liderança?

As cinco regras do código de liderança realmente têm a ver com o longo e o curto prazo, bem como com o negócio e as pessoas.

Então, se você pensar em uma clássica matriz de consultoria, no canto superior direito, há alguém que pensa no longo prazo e é realmente focado no negócio, e este é o *estrategista*. Assim, a parte estratégica da liderança se encarrega de compreender o todo, examinando o ambiente e falando com os interessados externos – particularmente, os clientes. Trata-se também de realmente compreender, de dentro da organização, o que você sabe sobre o mundo e, portanto, aonde você pode ir com a organização.

Outra peça importante da estratégia, que os líderes por vezes esquecem, é o que chamamos de *tração estratégica*. Ao formular a estratégia, lembre-se de que há uma organização que precisa executá-la. Então, enquanto parte da formulação da estratégia diz respeito, provavelmente, à sua abrangência, ela também tem de incluir a capacidade da organização de realizá-la.

O que vem depois?

A segunda parte do código de liderança é a que chamamos de *executor*. O executor é focado no negócio, mas é capaz de agir no curto prazo. É o que algumas pessoas chamam de gestão, mas é a parte da liderança que implementa a estratégia.

Portanto, há um plano de mudança em ação e uma metodologia para seguir, e o líder sabe como as decisões vão ser tomadas e quem vai tomá-las. É aqui que você trabalha com muitos desses problemas na equipe para se certificar de que todos estão caminhando juntos, de modo que o plano avance vinculado à estratégia.

E a terceira parte?

O canto inferior esquerdo, é onde o elemento humano alcança o curto prazo. Então, se somos líderes, temos de ser capazes de nos *comunicar* com as pessoas que estão ao nosso redor no momento, informando--lhes exatamente o que é necessário.

Às vezes, quando as pessoas estão vivendo uma série de dificuldades e incertezas, por exemplo, é quase impossível comunicar muito. Frequentemente, vemos nas organizações que, quando o chefe está fora planejando alguma estratégia exótica ou pensando em um método para a organização avançar, os funcionários realmente precisam ter alguém para falar com eles, porque é necessário que eles saibam o que está acontecendo.

Essa dimensão refere-se também a conectar-se com sua equipe, entendendo a sua motivação e administrando o talento disponível.

E a quarta dimensão?

Esta é a parte que falta na maioria das organizações: *o desenvolvimento do capital humano*. É onde a estratégia sobre o negócio une-se às pessoas no longo prazo. Então, o desenvolvimento do capital humano basicamente pergunta: dada a direção para a qual o líder acha que a organização está indo, como ela será organizada? Regionalmente, onde a organização estará localizada e em operação? Quais serão as funções-chave? Temos noção de quem vai ser capaz de exercer esses tipos de funções? E assim por diante.

Essas são as quatro dimensões externas de um líder, então, existe mais um quinto elemento de compreensão de si mesmo como líder. É isso mesmo?

Sim. Esta dimensão é sobre a origem do líder. Na verdade, pense nisso como a dimensão da proficiência pessoal. É uma área sobre a qual se tem trabalhado muito e que tem recebido uma grande cobertura da imprensa e da mídia. Assim, é a dimensão na qual incluiríamos, por exemplo, elementos como a inteligência emocional e a liderança autêntica.

Mas o que chamamos de *proficiência pessoal* é basicamente as coisas que emergem de você como pessoa e que vão ajudá-lo a executar bem estas outras funções: estrategista, executor, lidar com as pessoas e decifrar o mapa do futuro e o mapa pessoal do futuro. Portanto, quando você pensa em proficiência pessoal, realmente tem que ser sobre os líderes entenderem o que eles desejam realizar.

Simples, mesmo

Em última análise, a liderança é simples. Mas a liderança dia após dia em uma organização complexa é extremamente difícil. Chris Zook da Bain & Company fala sobre um conceito que ele chama de "intenção do comandante". Sua explicação foi a seguinte:

Ao longo do tempo, voltando para os anos de 1700 e 1800, na verdade, passando pelo combate naval e pelas guerras napoleônicas, surgiu a expressão *intenção do comandante*. Tal expressão originou-se da necessidade de algumas pessoas, como o Almirante Nelson, de ter uma expressão simples e poderosa que todos os comandantes conhecessem e entendessem.

Foi uma afirmação da estratégia e de alguns dos princípios inegociáveis de comportamento, porque elementos inesperados sempre surgem durante o combate e quanto mais decisões você puder empurrar para a linha de frente, melhor.

Acredita-se que o Almirante Nelson foi tão bem-sucedido e ganhou tantos combates navais em parte porque ele e seu grupo de irmãos, os outros capitães, tinham um conjunto relativamente claro de princípios de comportamento. Ou seja, seus capitães, mesmo sob condições inesperadas, mesmo quando estavam além do horizonte e não conseguiam ver Nelson, por exemplo, quase podiam antecipar como os outros se comportariam.

Nos negócios, a analogia se aplica aos princípios inegociáveis do negócio. Muitas das empresas mais bem-sucedidas e duradouras são aquelas que foram realmente capazes de tomar decisões mais perto da linha de frente, com menos camadas no meio. Isso porque a intenção do comandante, a essência do objetivo do negócio e os princípios-chave inegociáveis foram muito bem entendidos.

Tomemos o exemplo da Vanguard, a maior empresa de investimento do mundo. A Vanguard tem se focado muito mais no pequeno investidor do que no grande, que é o segmento mais lucrativo em que a maioria das empresas se concentra. Ela tem se focado em ser de baixo custo por meio de sua estrutura e despesas mútuas e em oferecer fundos de índice, pois acredita que, como um dos seus princípios inegociáveis, o pequeno investidor não consegue bater o mercado de forma consistente sem informações privilegiadas. Esses princípios e declarações são expostos claramente tanto pelo CEO quanto pela pessoa ao telefone falando com o cliente. Isso permite muito mais ação, mais aprendizagem e mais decisões que podem ser repassadas para a linha de frente, bem como impressões a ser enviadas de volta de maneira mais ordenada. Em última análise, a liderança é um ato de equilíbrio multifacetado. Ela envolve princípios. Ela requer ação. Exige aprendizagem. E é orientada pelo contexto tanto quanto pela energia pessoal e ambição. É assustadoramente humana.

Notas

Capítulo 1

1. Bennis, W., and Nanus, B., *On Becoming a Leader*, Reading, MA: Addison-Wesley Publishing Company, 1989.
2. French, J. P. R., Jr., and Raven, B., "The Bases of Social Power", in *Group Dynamics*, ed. D. Cartwright and A. Zander, New York: Harper and Row, 1960.
3. Blake, R., and Mouton, J., *The Managerial Grid: The Key to Leadership Excellence*, Houston: Gulf Publishing Co, 1964.
4. Adair, J. E., *Action-Centred Leadership*, London: McGraw-Hill, 1973.
5. Hersey, P., and Blanchard, K. H., *Management of Organizational Behavior: Utilizing Human Resources*, 3rd ed., Englewood Cliffs, NJ: Prentice Hall, 1977.
6. Fiedler, F. E., "A Contingency Model of Leadership Effectiveness," in *Advances in Experimental Social Psychology*, ed. L. Berkowitz,

Academic Press, 1964; and Fiedler, F. E., *A Theory of Leadership Effectiveness*, New York: McGraw-Hill, 1967.
7. Burns, J. M., *Leadership*, Harper & Row, 1978.
8. Bass, B. M., "From Transactional to Transformational Leadership: Learning to Share the Vision", *Organizational Dynamics*, Winter 1990.
7. Gladwell, Malcolm, *The Tipping Point: How Little Things Can Make a Big Difference*, Boston: Little, Brown, 2000.
8. Kim, W. C., and Mauborgne, R., "Tipping Point Leadership", *Harvard Business Review*, April 2003.
9. Goleman, Daniel, Boyatzis, Richard, and McKee, Annie, "Primal Leadership: The Hidden Driver of Great Performance", *Harvard Business Review*, December 2001.
10. Klein, K., Ziegert, J., Knight, A., and Xiao, Y., "A Leadership System for Emergency Action Teams: Rigid Hierarchy and Dynamic Flexibility", *Academy of Management Journal*, July 2004.
11. Gratton, Lynda, *The Democratic Enterprise: Liberating Your Business with Freedom, Flexibility, and Commitment*, London: Financial Times/Prentice Hall, 2003.
12. Collins, James C., *Good to Great: Why Some Companies Make the Leap . . . and Others Don't*, New York: HarperBusiness, 2001.
13. Maccoby, Michael, "Narcissistic Leaders: The Incredible Pros, the Inevitable Cons", *Harvard Business Review*, January 2004.
14. Kotter, John, and Gabarro, John, "Managing Your Boss", *Harvard Business Review*, January 1980.
15. Kelley, R. E., "In Praise of Followers," *Harvard Business Review*, November 1988.
16. Kellerman, Barbara, *Followership: How Followers Are Creating Change and Changing Leaders*, Boston: Harvard Business School Press, 2008.

Capítulo 2

1. Bennis, Warren G., and Thomas, Robert J., "Crucibles of Leadership", *Harvard Business Review*, September 2002.
2. Ibid.

3. All quotations are from author interviews unless otherwise noted.
4. Bennis, Warren G., and Slater, Philip E., *The Temporary Society*, New York: Harper and Row, 1968.
5. Bennis, Warren G., *An Invented Life: Reflections on Leadership and Change*, Reading, MA: Addison-Wesley, 1993.
6. Bennis, Warren G., and Nanus, Burt, *Leaders: Strategies for Taking Charge*, New York: Harper and Row, 1985.
7. Ibid.
8. Ibid.
9. Ibid.
10. Bennis, Warren G., *On Becoming a Leader*, Reading, MA: Addison-Wesley, 1989.
11. Bennis, Warren G., "Managing the Dream: Leadership in the Twenty-First Century", *Journal of Organizational Change Management* 2 (no. 1), 1989.
12. Bennis, Warren G., and Biederman, Patricia Ward, *Organizing Genius: The Secrets of Creative Collaboration*, Reading, MA: Addison-Wesley, 1997.
13. Ibid.
14. Bennis, Warren G., and Heenan, David A., *Co-Leaders: The Power of Great Partnerships*, New York: John Wiley & Sons, 1999.
15. Bennis, Warren G., and Thomas, Robert J., *Geeks and Geezers: How Era, Values, and Defining Moments Shape Leaders*, Boston: Harvard Business School Press, 2002.

Capítulo 3

1. Collins, James C., and Porras, Jerry I., *Built to Last: Successful Habits of Visionary Companies*, New York: HarperBusiness, 1994.
2. Ibid.
3. Ibid.
4. Collins, Jim, "Level 5 Leadership: The Triumph of Humility and Fierce Resolve", *Harvard Business Review*, January 2001.

5. Collins, Jim, "The Misguided Mix-up of Celebrity and Leadership", *Conference Board Annual Report*, September/October 2001.
6. Collins, Jim, and Hansen, Morten T., *Great by Choice*, New York: HarperCollins, 2011.

Capítulo 4

1. George, Bill, "Corporate Ethics: Where Have All the Leaders Gone?", Address to Westminster Town Hall Forum, 2003.
2. George, William W., *Authentic Leadership: Rediscovering the Secrets to Creating Lasting Value*, San Francisco: Jossey-Bass, 2003.
3. George, Bill, Sims, Peter, McLean, Andrew N., and Mayer, Diana, "Discovering Your Authentic Leadership", *Harvard Business Review*, February 2007.
4. Ibid.
5. Ibid.
6. Goffee, Robert, and Jones, Gareth, *The Character of a Corporation: How Your Company's Culture Can Make or Break Your Business*, New York: Harper Business, 1998.
7. Ibid.
8. Goffee, Rob, and Jones, Gareth, "Why Should Anyone Be Led by You?", *Harvard Business Review*, September–October 2000.
9. Goffee, Rob, and Jones, Gareth, "Authentic Leadership: Excite Others to Exceptional Performance", *Leadership Excellence*, issue 17, July 2009.

Capítulo 5

1. Weber, Max, *On Charisma and Institution Building*, ed. S. N. Eisenstadt, Heritage of Sociology Series, Chicago: University of Chicago Press, 1968.
2. Khurana, Rakesh, "The Curse of the Superstar CEO", *Harvard Business Review*, September 2002.
3. Ibid.

4. Khurana, Rakesh, *Searching for a Corporate Savior: The Irrational Quest for Charismatic CEOs*, Princeton, NJ: Princeton University Press, 2004.
5. Conger, Jay, and Kanungo, Rabindra, *Charismatic Leadership in Organizations*, Thousand Oaks, CA: Sage, 1998.
6. Barbara Kellerman, *Bad Leadership: What It Is, How It Happens, Why It Matters*, Boston: Harvard Business School Press, 2004.
7. Finkelstein Sydney, *Why Smart Executives Fail and What You Can Learn from Their Mistakes*, New York: Portfolio, 2003.

Capítulo 6

1. Follett, Mary Parker, *The Creative Experience*, New York: Longmans, Green, 1924.
2. Zaleznik, A., "The Dynamics of Subordinacy", *Harvard Business Review*, May–June 1965.
3. Gabarro, John, and Kotter, John, "Managing Your Boss", *Harvard Business Review*, 1980.
4. Ibid.
5. Ibid.
6. Kelley, R. E., "In Praise of Followers", *Harvard Business Review*, November 1988.
7. Ibid.
8. Kelley, R. E., *The Power of Followership: How to Create Leaders People Want to Follow and Followers Who Lead Themselves*, New York: Doubleday/Currency, 1992; Kelley, R. E., "Rethinking Followership", in *The Art of Followership: How Great Followers Create Great Leaders and Organizations*, ed. R. E. Riggio, I. Chaleff, and J. Lipman-Blumen, San Francisco: Jossey-Bass, 2008.
9. Maccoby, Michael, "Why People Follow the Leader: The Power of Transference", *Harvard Business Review*, September 2004.
10. Ibarra, Herminia, *Working Identity: Unconventional Strategies for Reinventing Your Career*, Boston: Harvard Business School Press, 2003.

11. Ibarra, H., and Hunter, M., "How Leaders Create and Use Networks", *Harvard Business Review*, January 2007.
12. Ibarra, Herminia, and Hansen, Morten, "Are You a Collaborative Leader?", *Harvard Business Review*, July–August 2011.
13. Video: "Business Leaders", Thinkers50 interview after T50 awards, November 2011, www.herminiaibarra.com/p/videos-podcasts.html.
14. Ibarra, Herminia, "Leadership: Are You Connecting and Collaborating?", *INSEAD Knowledge*, July 2011.
15. Ibid.
16. Ibid.
17. "Business Leaders", Thinkers50 interview.

Capítulo 7

1. Newman, Lee, "Rethinking Thinking Through Positive Leadership", www.iedp.com/Blog/Positive_Leadership.
2. Friedman, Stewart, *Great Leaders, Good Lives*, Boston: Harvard Business Review Press, 2014.
3. Friedman, Stewart, *Work and Family – Allies or Enemies?*, New York: Oxford University Press, 2000.
4. Friedman, Stewart, *Baby Bust*, Philadelphia: Wharton Digital Press, 2013.

Capítulo 8

1. Hill, Linda A., "Becoming the Boss", *Harvard Business Review*, January 2007.
2. Hill, Linda A., and Lineback, Kent, "Are You a Good Boss – or a Great One?", *Harvard Business Review*, January 2011.
3. Radcliffe, Steve, *Leadership: Plain and Simple*, New York: FT Prentice Hall, 2010.
4. Ibid.

Índice

a mente dos líderes, 83-90
Adair, John, 5-6, 148-149
adequar-se, 79
adesionismo, 14-16, 120-129
adocracias, 21
Albanese, Tom, 86
aliança entre o novo líder e os liderados, 30-32
alinhar visão e implementação, 60-61
amável, 93-94
Amundsen, Roald, 49-51
aprendizes, 120-121
ativistas, 124-125
autenticidade, 88-89
Authentic Leadership (George), 64
autoconsciência, 66, 70
  e autenticidade, 111-112

Baby Bust (Friedman), 143
Bad Leadership (Kellerman), 102-105
Ballmer, Steve, 25-26
Bass, Bernard, 8-9
Becoming a Manager (Hill), 153
Bennis, Warren, 2, 5, 12-13, 17-18, 21-27
  Geeks and Geezers (Bennis e Thomas), 35-40
  Q & A, 18-21, 26-33
Blake, Robert, 5-6
Blanchard, Ken, 6-7

Bonaparte, Napoleão, 2
Boyatzis, Richard E., 10–11
Branson, Richard, 78
Bratton, William, 9–10, 150–152
Buil to Last (Collins e Porras), 46, 56–58
Burns, James MacGregor, 7–8, 103
Bush, George W., 122–123

camaradas, 120–121
caos, liderar no, 49–51
capacidade adaptativa, 32–33
capacidade de reconhecimento, 28–29
carisma, 91–92
Carlyle, Thomas, 4
CEOs como redentores, 94–101
Charismatic Leadership in Organizations (Conger e Kanungo), 102
Cheney, Dick, 122–123
Churchill, Winston, 6–7
Clinton, William Jefferson (Bill), 19
coaching, 161–165
colaboração, 129–134
Co-Leaders (Bennis e Heenan), 25–26
Collins, Jim, 13–14, 46–51
  Q & A, 50–61
comportamento independente, 117
comportamento superdependente, 117
comunicadores, 170
conceito de liderança centrada na ação (ACL), 5–6, 148–149
confiabilidade, 93–95
confiança, 23
  gerar e manter, 30–31
confortável no desconforto, 85–86, 89–90
Conger, Jay, 14–15, 92–93, 102
consideração individualizada, 8–9
contexto na liderança, 6–8
controle situacional, 7–8

De Pree, Max, 28–29
delatores, 126–127
desenvolvimento do capital humano, 170–171
diferenças culturais, 109–110
discípulos, 120–121
Drucker, Peter, 58–59, 159–160
duro de matar, 124–127

Ebbers, Bernie, 101
empatia rígida, 68
empresas 10X, 49–51
empresas boas *versus* empresas excelentes, 47–49
empresas excelentes, 60–61
  versus empresas boas, 47–49
equilíbrio entre a motivação externa e intrínseca, 66
equipes de suporte extraordinárias, 66–67
estilo de comando, 6–7
estilo de delegação, 7–8
estilo de venda, 6–7
estilo de vida do seguidor, 120–121
  Ver também seguidores
estilo participativo, 6–8
estilos de liderança, 6–8
estímulo intelectual, 8–9
estrategistas, 169
Eu sou a empresa, 86–87
executores, 169

Fastow, Andrew, 101-102
feedforward, 162-163
Feynman, Richard, 29-30
Fiedler, Fred E., 7-8
Finkelstein, Syd, 105-112
Follett, Mary Parker, 113
Followership (Kellerman), 121-122
French, John, 4-5
Friedman, Stew, 136-145
funções de liderança, 11-12
Futuro - envolvimento-cumprimento, 155-156

Gabarro, John, 15-16, 115-118
Gandhi, Mahatma, 43-45
Gardner, Howard, 9-11
Gardner, John, 20
geeks, 32-33, 35-40
Geeks and Geezers (Bennis e Thomas), 32-40
geezers, 32-33, 35-40
George, Bill, 13-14, 63-67
gerentes *versus* líderes, 23-25
gestão da atenção, 23
gestão da chefia, 115-118
gestão da confiança, 23
gestão da interpretação, 23
gestão de si mesmo, 23
Gladwell, Malcolm, 9-10
Goffee, Rob, 13-14, 67-71
  Q & A, 72-83
Goldsmith, Marshall, 156-165
Goleman, Daniel, 9-11
Gratton, Lynda, 11-12
Great Leaders, Good Lives (Friedman), 142

Hamel, Gary, 131-134
Handy, Charles, 30-31
Hansen, Morten, 129-130

Heenan, David A., 25-26
Hersey, Paul, 6-7
hierarquias, 73, 77
Hill, Linda A., 152-155
Homer, 4
humildade, 41-44, 48-49
Hunter, Mark, 129-130

Iaccoca, Lee, 92
Ibarra, Herminia, 129-131
ideologia principal, 59-60
In Search of Excellence (Peters e Waterman), 138
influência, e liderança, 4-5
influência idealizada, 8-9
inovação, 58-59
integração vida/trabalho, e liderança, 138-139
integridade, 32-33
inteligência emocional, 9-10
intenção do comandante, 170-173
intimidade com o cliente, 58-59
isolados, 123-125

Jones, Gareth, 13-14, 67-71
  Q & A, 72-83

Kanter, Rosabeth Moss, 8-10
Kanungo, Rabindra N., 102
Kellerman, Barbara, 15-16, 102-105, 120-129
Kelley, Robert, 15-16, 117-121
Khurana, Rakesh, 92, 94-101
Kim, W. Chan, 9-10, 150-152
Klein, Katherine J., 10-12
Kotter, John, 8-9, 15-16, 115-118
Kozlowski, Dennis, 101

lado sombrio da liderança, 14-15, 101-105
Leaders (Bennis e Nanus), 22-24

Leadership: Plain and Simple (Radcliffe), 155-156
leais, 120-121
lembrando as pessoas o que é importante, 28-31
liderança
 como gerenciar pessoas inteligentes e rebeldes, 71
 e integração trabalho/vida, 138-139
 e significado, 74-75
 natureza ou educação, 5-7
 o que os líderes precisam fornecer aos seguidores, 69-70
 reinventando, 9-12
 resultado de curto prazo *versus* estratégia de longo prazo, 100
 verdades fundamentais sobre, 69
 visão geral, 1-3
 visões históricas, 3-5
liderança autêntica, 13-15, 64-67, 69-71
 e autenticidade, 111-112
liderança carismática, 14-15, 59-60, 92-101
 inteligentes falham, 105-112
 lado sombrio da, 101-105
 três fases da influência carismática, 93-95
liderança colaborativa, 129-134
liderança cooperativa, 24-27
liderança e mudança, 8-10
liderança institucional, 96-98
liderança narcisista, 14-15
liderança nível 5, 13-14, 47-57
liderança no ponto de desequilíbrio, 9-10, 150-152
liderança positiva, 135-136

liderança relacional, 77
liderança total, 137-145
liderança transacional, 7-8
liderança transformacional, 7-8
liderando no caos, 49-51
líderes antiéticos, 102-103
líderes de inspiração, qualidades de, 68
líderes desonestos, 104-105
líderes diretivos, 5-7
líderes éticos, características dos, 103
líderes incompetentes, 103
líderes ineficazes, 102-103
líderes insulados, 105
líderes intempestivos, 104
líderes maus, 105
líderes participativos, 5-7
líderes rígidos, 103-104
líderes sensíveis, 104
líderes *versus* gerentes, 23-25
Lineback, Kent, 154

Maccoby, Michael, 14-15, 120-121
Machiavel, Nicolau, 4
marcha das 20 milhas, 50-51
Maree, Jacko, 89-90
Mauborgne, Renée, 9-10, 150-152
maus líderes, 102-105, 128-129
maximizar os lucros, 58-60
McClelland, David, 9-10
McGregor, Douglas, 21
McKee, Annie, 10-11
Mellon, Liz, 83-90
mentores, 120-121
modelo de grid gerencial, 5-6
Mojo (Goldsmith), 158
motivação inspiracional, 8-9
Mouton, Jane, 5-6

na minha vigília, 87-88
Nally, Dennis, 87-89
Nanus, Burt, 22-24
Nasser, Jac, 140
Nelson, Horatio (Adm.), 171-172
Newman, Lee, 135-136
nova liderança, 26-33
   quatro competências, 28-32
novos líderes, 152-155
núcleo sólido, 88-89

On Becoming a Leader (Bennis), 23-25
Oppenheimer, Robert, 29-30
Organizing Genius (Bennis), 24-27
ovelha, 118-119

participantes, 124-125
Patton, George (Gen.), 44-45
pensar como líder, 83-90
pessoas inteligentes, como gerenciar, 71
pessoas-sim, 118-119
Peters, Tom, 2, 138
Plutarco, 4
poder
   cinco bases de poder para os líderes, 5
   e liderança, 4-5
Porras, Jerry, 46
pragmáticos, 119-120
Prahalad, C.K., 41-46
Primal Leadership (Goleman), 10-11
proficiência pessoal, 170-171
Projeto de integração trabalho/vida, 142-144
Projeto Manhattan, 29-30
provações da liderança, 12-13, 17-21

Radcliffe, Steve, 155-156
Raven, Bertram, 4-5
redentores, 94-101
Roosevelt, Theodore (Teddy), 19

sabedoria emocional, 23-24
Schein, Edgar, 8-9
Schneider, Peter, 28-29
Scott, Robert Falcon, 49-50
Searching for a Corporate Savior (Khurana), 94-95
seguidores, 99-100, 113-115
   bons e maus seguidores, 117-121
   definido, 122-124
   gestão da chefia, 115-118
seguidores alienados, 118-120
seguidores ativos, 114
seguidores compulsivos, 114
seguidores estrelas, 119-120
seguidores impulsivos, 114
seguidores introvertidos, 114-115
seguidores masoquistas, 114
seguidores passivos, 114
seguidores submissos, 114
sem rede de segurança, 84-85
setor não empresarial, 54-57
significado, e liderança, 74-75
significado compartilhado, 32-33
Skilling, Jeffrey, 101
sociabilidade, 68, 80-81
solidariedade, 68, 80-81
sonhadores, 120-121
sucessão, 158-159
Sweetman, Kate, 165-171

Taylor, Bob, 28-29
teoria da contingência, 6-7
teoria da liderança situacional, 6-7, 76-77, 130-131
teoria do ciclo vital, 6-7

teoria do Grande Homem, 5-6
teoria dos traços, 5-6
teoria situacional, 6-7
teorias de liderança, 4
  conceito de liderança centrada
    na ação (ACL), 5-6
  liderança no ponto de
    desequilíbrio, 9-10
  teoria da contingência, 6-7
  teoria da liderança situacional,
    6-7
  teoria do ciclo vital, 6-7
  teoria do Grande Homem, 5-6
  teoria dos traços, 5-6
  teoria situacional, 6-7
The Character of a Corporation
  (Goffee e Jones), 68
The Democratic Enterprise
  (Gratton), 11-12
The Hangry Spirit (Handy),
  30-31
The Leadership Code (Sweetman),
  165-171
The Temporary Society (Bennis),
  21
Thomas, Robert, 32-36
Toffler, Alvin, 21

trabalho em grupo, 24-27
tração estratégica, 169
transeuntes, 124-125
transferidas para cargos de
  liderança, 152-155
transição à liderança, 152-155
True North (George e Sims), 65

valores principais, 46, 57-59
vantagens comportamentais, 136
vida em família, 143-144
visão de futuro, 93-94
visão do futuro, 59-61
voz, 32-33

Waterman, Robert, 138
Weber, Max, 14-15, 72, 91-92
Welch, Jack, 82
*What Got You Here Won't Get You
  There* (Goldsmith), 160
Why Smart Executives Fail
  (Finkelstein), 105-112
*Work and Family – Allies or
  Enemies?* (Friedman), 143

Zaleznik, Abraham, 114
Zook, Chris, 170-173

Agradecimentos

Gostaríamos de agradecer a Steve Coomber por sua ajuda neste livro. No Thinkers50, somos gratos às nossas colegas Joan Bigham e Deb Harrity por sua contribuição relevante e criativa. Também gostaríamos de agradecer a todas as pessoas que entrevistamos nos últimos 20 anos de escrita sobre o pensamento empresarial – em especial a Warren Bennis, Jim Collins, Rob Goffee, Marshall Goldsmith, Gareth Jones, Barbara Kellerman, Rakesh Khurana, Liz Mellon e Kate Sweetman.

Os autores

Professores adjuntos na IE Business School de Madrid, Stuart Crainer e Des Dearlove criam e defendem ideias de negócios. Eles são os criadores do Thinkers50 (www.thinkers50.com), o ranking mundial original de líderes do pensamento dos negócios. Seu trabalho na área levou a *Management Today* a descrevê-los como *"market makers* por excelência".

Como jornalistas e analistas, Stuart e Des têm feito perguntas pertinentes há mais de duas décadas. Agora eles ajudam líderes a encontrarem suas próprias perguntas e a explorarem a melhor maneira de comunicar as respostas às pessoas. Foram consultores do relatório de 2009 do governo britânico sobre comprometimentos dos funcionários e colaboradores do Management Innovation Lab, na London Business

School. Seus clientes incluem Swarovski, Fujitsu, Heidrick & Struggles e o Departamento de Desenvolvimento Econômico de Abu Dhabi.

Stuart e Des são colunistas do *Times* (Londres), editores convidados da revista norte-americana *Strategy+Business* e editaram o *best-seller Financial Times Handbook of Management*. Seus livros incluem *The Management Century, Gravy Training, The Future of Leadership* e *Generation Entrepreneur*, todos disponíveis em mais de 20 idiomas.

Stuart é editor da *Business Strategy Review*. De acordo com a *Personnel Today*, ele é uma das figuras mais influentes na gestão de pessoas. Des é professor-associado da Saïd Business School, da Universidade de Oxford, e é o autor de um estudo de sucesso sobre o estilo de liderança de Richard Branson.

Des e Stuart vêm ensinando alunos de MBA, professores e altos executivos em programas ao redor do mundo, os quais incluem o Oxford Strategic Leadership na Saïd Business School, da Universidade de Oxford; a Columbia Business School, em Nova York; a Tuck Business School, da Dartmouth College, em New Hampshire; o IMD em Lausanne, na Suíça; e a London Business School.

Thinkers50

O Thinkers50 – ranking mundial definitivo de pensadores da administração – examina, avalia e compartilha ideias de gestão. Criado por Stuart Crainer e Des Dearlove, dois jornalistas de negócios que identificaram no mercado um lugar para um ranking independente dos melhores pensadores da administração, o Thinkers50 foi publicado pela primeira vez em 2001 e, desde então, é editado a cada dois anos.

Em 2011, Crainer e Dearlove acrescentaram várias categorias de premiação e realizaram o primeiro Thinkers50 Summit, descrito como "o Oscar do pensamento em gestão e negócios". O vencedor de 2011 foi Clayton Christensen, professor da Harvard Business School. Os vencedores das edições anteriores foram C. K. Prahalad (2009 e 2007), Michael Porter (2005) e Peter Drucker (2003 e 2001).

O ranking é baseado em uma votação realizada no site do Thinkers50 e nas contribuições de uma equipe de consultores liderada por Stuart Crainer e Des Dearlove. O Thinkers50 avalia os pensadores a partir de 10 critérios estabelecidos:

- Originalidade das ideias
- Viabilidade das ideias
- Estilo da apresentação
- Comunicação escrita
- Lealdade dos seguidores
- Senso empresarial
- Perspectiva internacional
- Rigor de pesquisa
- Impacto das ideias
- Poder de inspirar